高雄研究叢刊 第9種

磚窯廠旁不滅的明燈——

中都開王殿的文化保存記事

作者 莊文韋

高雄研究叢刊序

高雄地區的歷史發展，從文字史料來說，可以追溯到 16 世紀中葉。如果再將不是以文字史料來重建的原住民歷史也納入視野，那麼高雄的歷史就更加淵遠流長了。即使就都市化的發展來說，高雄之發展也在臺灣近代化啟動的 20 世紀初年，就已經開始。也就是說，高雄的歷史進程，既有長遠的歲月，也見證了臺灣近代經濟發展的主流脈絡；既有臺灣歷史整體的結構性意義，也有地區的獨特性意義。

高雄市政府對於高雄地區的歷史記憶建構，已經陸續推出了『高雄史料集成』、『高雄文史采風』兩個系列叢書。前者是在進行歷史建構工程的基礎建設，由政府出面整理、編輯、出版基本史料，提供國民重建歷史事實，甚至進行歷史詮釋的材料。後者則是在於徵集、記錄草根的歷史經驗與記憶，培育、集結地方文史人才，進行地方歷史、民俗、人文的書寫。

如今，『高雄研究叢刊』則將系列性地出版學術界關於高雄地區的人文歷史與社會科學研究成果。既如上述，高雄是南臺灣的重鎮，她既有長遠的歷史，也是臺灣近代化的重要據點，因此提供了不少學術性的研究議題，學術界也已經累積有相當的研究成果。但是這些學術界的研究成果，卻經常只在極小的範圍內流通而不能為廣大的國民全體，尤其是高雄市民所共享。

『高雄研究叢刊』就是在挑選學術界的優秀高雄研究成果，將之出版公諸於世，讓高雄經驗不只是學院內部的研究議題，也可以是大家共享的知識養分。

　　歷史，將使高雄不只是一個空間單位，也成為擁有獨自之個性與意義的主體。這種主體性的建立，首先需要進行一番基礎建設，也需要投入一些人為的努力。這些努力，需要公部門的投資挹注，也需要在地民間力量的參與，當然也期待海內外的知識菁英之加持。

　　『高雄研究叢刊』，就是海內外知識菁英的園地。期待這個園地，在很快的將來就可以百花齊放、美麗繽紛。

國立故宮博物院院長

推薦序——讓磚窯工的信仰記憶浮現歷史舞臺

　　1990 年代末，我還住在三民家商附近，而工作也還在位於高雄港 1 號碼頭的高雄海關總關。從三民家商到蓬萊港邊，走中華路轉七賢路是最佳路徑。當時我對愛河研究已很有興趣，有一段期間，上下班途中會刻意繞經中都社區查看愛河邊的合板工廠和河道。那個時候，同盟三路尚未開通，九如三路和市中一路是中都唯二的聯外道路。有一次，我從九如三路轉入無名小徑，行經過程只見高聳的煙囪和破舊的倉庫群。沒多久，闖入一片低矮而有些雜亂的平房群，這些錯落房舍圍繞著一座小廟，當時我對廟宇並不感興趣，合手一拜隨即離開，再沿著彎曲小路穿越聚落朝河邊前進。後來我才知道，這座被包夾在錯落房舍中的小廟就是中都開王殿。

　　十二年前，我從三民家商附近搬來愛河畔的中都社區定居，這時同盟三路已將中都社區和愛河區隔開來，河邊形成一條狹長型的綠帶，每日清晨和夜晚，我總遛著愛犬在此漫步。因遛狗而與愛狗的社區人士逐漸認識，畫家陳淑媚女士就是其中一位。2010 年吧！陳淑媚向我提及開王殿所面臨的困境，也因而知道國立高雄應用科技大學的楊雅玲教授正積極推動開王殿保存運動，在楊雅玲、陳淑媚以及主要信徒的積極奔走下，社會才逐漸注意、報導開王殿的重要性，也在此機緣下我重訪開王殿。

　　重訪開王殿的第一印象滿是錯愕與納悶，當時房舍群皆已拆除，僅存開王殿兀自孤立。廟宇周邊少了聚落的地景，彷彿可看見神明在悲泣。心想，個人應該盡一些力量。研究和書寫就是我最能勝任的任務，於是，我請學生吳念穎初步調查並撰寫〈風雨飄搖的中都開王

殿〉乙文，並刊登於 2011 年春季號的《高雄文獻》。不過，這只是一篇短文，未能充分論述開王殿的文史價值與意義。當時心中其實很想為開王殿寫一本專書，卻忙於教學和諸多研究案而遲遲無法展開。後來，本書的作者莊文韋幫我落實了這項心願。

文韋是位國中數學教師，還記得第一次上我的課時，我跟他開玩笑說，你是我的粉絲所以跨領域來修我的課，他笑笑說：是的。事實上，過不久我就充分感受到他對於文史研究的喜愛與熱忱，因此結下師生的緣分，後來討論碩論方向時，我「包藏私心」跟他建議可研究開王殿，並推薦他去申請高雄市立歷史博物館所辦的「寫高雄——年輕城市的微歷史」的文史調查研究計畫，沒想到他竟然一口答應，後來也順利獲選。一年後（2015 年），文韋的碩論順利完成，這本書大體就是文韋將碩論增補修改後的作品。

這書是一本書寫地方史與地方記憶的微觀歷史學作品。全書從中都於日治時期的發展談起，在不失歷史背景的廣度下，將敘述主題聚焦於中都最重要的磚窯廠，以此展開地方與地方產業的歷史脈絡。可貴的是，文韋不盲聽、盲用田野訪談的資料，同時發揮歷史學者應有的專業，善用戶籍資料考察記憶與文獻的虛與實，以此梳理出不被重視的磚窯廠勞工階層，以及這些勞工階層的心靈信仰，而開王殿的信徒自 1910 年代起就與中都磚窯廠密不可分。

常民歷史，文獻多所不載而難以考究。2014 年間的開王殿早已信徒四散、環堵蕭然，更增添研究之困難。文韋發揮參與研究的實際行動，並以熱忱真心關懷開王殿保存運動，後來膺任管理委員會的幹部；參與過程，將行動付諸實踐，再轉為書寫與論述，這也成為書的一部分，可謂開王殿的當代歷史書寫。此過程，他受到信徒們的充分

信任，不僅得以廣為記錄信徒的口述記憶，更因而順利收集各類珍貴資料，奠定本書歷史研究的厚實基礎。因此，被外界視為難以理解的這小廟，如澎湖廟為何拜王爺？而且名之為開王殿？這些問題涉及這廟的神明、廟格和移民的複雜關係，文章卻能一一釐清並娓娓道出主祀神的演變。這小廟的歷史變遷就在信徒的記憶與文獻中，交互輝映出歷史脈絡、文化容顏。

開王殿的文化如同全臺各地民間信仰訴諸靈驗、靈感，並不特殊但是相當驚人而具魅力。文章不厭其煩地統計分析六本《開壇紀錄簿》近二千筆資料，探討神靈現象與廟宇變化。首先，敘述信徒的需求，從各式各樣的靈力施展與活動中，從而可了解人神互動所構成的常民生活。令人驚訝的是，在醫療已頗為進步的高雄，六年間信徒因疾病向神明問事的次數竟高達 13,686 次。其次，藉由開壇問事變化，勾勒這廟問事興衰，同時藉由信徒記憶，刻劃佛祖復興的靈力事蹟。問題是，移民廟沒有土地所有權以及沒有組織性，佛祖的「興」無法轉譯為廟的發展，開王殿因而錯失成為大廟的機會。如此，一座名不見經傳的小廟和一群沒有歷史的人群，在文章悉心梳理下浮上歷史的舞臺。因此，中都磚窯廠這個地方不再只是國定古蹟的「大歷史」事蹟，那些曾經長期默默在此忍受熱火煎熬的窯工們，他們的浮光掠影尤其是內在的心靈需求，因此而得以多少被讀者們所認識、感受。但是，如此豐富的窯工文化卻於 2005 年中都磚窯廠的文資界定中被劃出範圍，不禁令人噓唏。

2007 年中都工業區變更都市計畫經內政部都委會審議通過，開王殿與其旁邊的屋舍聚落因未被劃入古蹟保存範圍而面臨拆除的命運，2010 年市府拆除聚落屋舍，開王殿因信徒不知如何安置神明而

暫時擱置，也因而有了新的契機。同年，在有心人士、大學教師和眾信徒的努力下，展開近十年的文化保存運動，迄今。

最難能可貴的是，文韋長期關懷、參與這項保存運動，並將這些「實錄」加以分析，釐清箇中的保存運動策略；再以靈力與記憶的觀念來探討保存這座小廟的文化意義，這點尤為重要。他認為，保存運動喚醒信徒們的歷史記憶。學理上，歷史就是對於說過與做過的事的記憶。沒有記憶就沒有歷史，開王殿若被拆除，信徒們與文化關係人將失去某些記憶，同時勢必失去中都磚窯廠不少重要的文史面貌。文韋看到了也參與了文化擾動所帶來的影響，並善用信徒記憶書寫文化保存的篇章，無疑落實了美國歷史學家 Carl L. Becker 所言：「每個人都是他自己的史家」。換言之，每個人都有權力也都應該書寫自己的歷史，亦即歷史不應由他者所主導、構築。這應該也是研究地方史的核心理念與價值。不僅如此，文韋這項討論有益於我們重新審視國定古蹟中都磚窯廠的文資範圍之界定，其關鍵是，若能在不影響土地所有者的權益運用下，文資範圍劃設應以文化系統性來定著，而非僅侷限於建築物的特殊、稀有或工藝性做為考量。

欣聞文章的著作即將付梓出刊，多年來個人對於開王殿略表綿薄之力的心願，總算得以放下。但願這座位於中都邊緣的小廟，經由文韋與大家的努力，未來得以成為文資討論的大廟。若能如此，我國文資保存的視野和策略將會是更為宏遠，地方研究勢必更為踏實。

國立高雄師範大學臺灣歷史文化及語言研究所教授

推薦序──廟宇文化與現代醫學

傳統廟宇的角色，往往同時兼具撫慰心靈、歸屬認同、價值共享以及道德規範等眾多功能，橫觀古今中外，縱觀時間長河，不論名稱為廟宇、佛寺還是教堂，宗教信仰在人類的文明史上，在在牽動著國家、社會、民族與每一個人類的生存與發展。在本書中，經由作者縝密且實事求是的探訪，當年高雄中都地區開王殿興盛的榮景與彼時人民生活的情狀躍然紙上，彷如一部日常生活史的重現。有趣的是，書中提到早年開王殿大多數信眾的需求，平均逾七成皆與疾病相關，廟宇儼然是現代醫院的化身。巧合的是，現在的大型醫療中心，不論專業人士或是民眾，皆以「大廟」稱呼之，屢創奇蹟的醫師也常被冠以「神」醫的名號，此間的牽連在冥冥之中似是偶然中的必然。

筆者本身接受科學化的西方醫學教育，相信的是證據與邏輯，卻也常常有機會與傳統廟宇產生跨領域的交會。不論是病人開刀前要先請示神明，抑或是治療的結果不盡人意，病患轉而求助神明，這類情況在筆者專業的養成過程中，可說是屢見不鮮。更特別的一次經驗，是病人跨過濁水溪南下直接指名找我開刀，一問之下居然是神明指示南下一百公里某大醫院會有貴人相助，然後病人進一步列出敝科每一位主治醫師的名字，經由擲出三個聖筊我才雀屏中選。此等神明指定轉診的經驗，病患在治療中所展現百分百信任的態度，以及其後伴隨而來的良好復原成果，令筆者第一次深刻感受到所謂的「如有神助」，是何等的輕鬆自在！

藉由作者多方面的詳實考證與查訪，爬梳出這段神明以靈力濟民的歷史，使久居現代醫療「大廟」的我開始反思，我們所提供給民眾

的除了身體上的病痛解除外，是否尚缺乏心靈的照顧與對其親人的關懷？此外，本書中對於文化的保存與歷史的回溯，也讓我體會到人的根本需求與生命價值，是放諸每一個以人為本的志業皆準的，廟宇文化實在有太多值得我們借鏡與反思的地方，欣見本書能秉持著人文關懷將其完整地記錄下來。

成大醫院整形外科主治醫師

薛元毓

推薦序──數學與歷史美麗的邂逅

臺灣過去僵化的一元化教育體制，只有注重考試分數，不注重性向發展探索的學校教育，造成了很多像作者莊文韋老師這種「入錯行」的專業人才，明明就是應該要當文史學者的，最後卻偏偏跑去念數學。儘管作者是位出色的數學教師，然而來自心靈最深處的呼喚，最終還是讓他走回文史研究的路。

我和作者結識二十年，從初相識第一次見面莊老師給我的印象，就是個年輕充滿活力、才華洋溢的青年型男。在同事相處的期間，更發現他是位對鄉土充滿熱情，具有濃厚臺灣意識的行動派知識青年。我們在學校創立臺灣歷史社團，分享彼此苦心收集製作的教材和教學心得。本以為像我們這種理工背景的人，最多也只能做到這樣，沒想到莊老師更進一步地要去攻讀臺灣歷史碩士學位，這對我而言真是件不可能的任務，沒想到莊老師他做到了。

作者莊文韋老師就讀國立高雄師範大學臺灣歷史文化及語言研究所期間，選擇中都磚窯工信仰中心「開王殿」為研究主題。作者以科學的態度抽絲剝繭，尋找、探訪、分析所蒐集到的各式各樣的資料，從日治時代中都的磚窯場工業聚落形成，澎湖移民窯工於工寮裡創建開王殿，成為當地窯工的信仰中心，一直到戰後開王殿遷址，歷經香火鼎盛時期，和後來 1990 年代的黑暗時期，與現今開王殿面臨拆除的文化保存運動。每個歷程作者在這本書中都有非常深入而且精細的說明。作者將廟方珍藏 1968 年至 1984 年僅存的六本《開壇紀錄簿》翻拍成數位照片，閱讀共 3,390 頁紀錄，留下許多主神觀音三佛祖「降妖伏魔」故事，見證開王殿輝煌史。

　　此書圖文並茂、深入淺出，對於想深入瞭解中都開王殿歷史與文化保存運動的朋友，這是本值得推薦的好書，也是本非常優良的學術著作！

前新北市立二重國中教師會理事長

汪坤志

自序

　　能從高師大臺研所畢業，並將自己的碩論研究及多年來的田野觀察記錄出版成書，對我而言，是一趟如夢似幻的旅程，將永難忘懷。

　　回憶早年求學之路，在文理選組間掙扎，最後順服了家人的期待，完成數學系學業，成為中學數學教師，然而內心卻始終隱藏著缺憾。為了更瞭解養育我的這片土地，我開始閱讀臺灣史地專書，踏尋各地史蹟，終於，母校給了我一個圓夢的機會，我回到高師大就讀臺灣歷史文化及語言研究所，重燃內心深埋許久的火苗，踏上了一條充滿驚奇的道路。

　　在學術殿堂裡學習臺灣史地的研究方法，帶給我無窮的啟發，而能與志同道合的好友一起探究歷史的奧妙，更讓我的內心無比雀躍，雖然同時要兼顧教學工作與研究所的課業，也曾感到負擔沉重，但我所得到的心靈充實與滿足，支持我一路前進。

　　身為一個教育工作者、一個歷史研究人員，如何能為家園奉獻所學，自然成為我人生的重要目標，因此就讀研究所期間，我開始關注文化資產保存的議題，而此時高雄市中都開王殿的保存運動引發社會關注，在李文環教授的鼓勵下，讓我開始對這座廟宇的故事感到好奇，進而以其為研究主題，進行大量的田調訪談，持續深入探究其文化價值。

　　在這段艱辛且漫長的研究過程中，我能強烈感受到信徒們與神明之間緊密的連結、感應、與認同，甚至，還有一股無形的力量在幫助我，讓我在研究過程中，巧合不斷，驚奇處處，雖然屢次遇到難題，

但最後都能迎刃而解，柳暗花明。平凡如我，起初只是懷著一份好奇心，偶然接觸開王殿的議題，然而當這本書終於如水到渠成般完成後，對於自己能對中都文化的保存略盡綿薄之力、為自身成長的城市留下紀錄，甚而稍稍幫助到弱勢的信仰族群，我感到無比榮幸，甚至覺得這是發生在我生命中的奇蹟。

2014 年，我的研究有幸入選高雄市立歷史博物館辦理之「寫高雄——年輕城市的微歷史文史獎助計畫」，並完成「中都開王殿歷史文化調查」計畫案。2017 年，本研究再度入選高雄市立歷史博物館第一屆「寫高雄——屬於你我的高雄歷史」出版獎助計畫，開始進行改寫跟編整工作，可以說高雄市立歷史博物館的鼎力協助，是我完成此書的重要推手。研究過程中，感謝三民區第一戶政與地政事務所提供珍貴的史料，並承蒙劉正元教授、楊雅玲教授及多位審查委員提供指正，讓本書得以順利完成，還有熱心協助蒐集老照片與帶我四處拜訪耆老的陳淑媚老師、耐心回答我無數問題的廟公阿殿伯、張鶴鐘主委與眾多開王殿的大哥大姊們，以及高史博專員建華、巨流執行編輯宛君與幫助我的每位貴人，是他們與我共譜這一篇篇動人的歷史篇章。

本書從無到有，一路走來最要感謝的是李文環教授的啟發與教導，由傳道授業到解惑，由言教乃至於身教，李老師在在都是學者的典範，身為他的子弟我深感榮幸，只希望本書的付梓，也能以些許榮耀回報他為歷史研究與培育後進的付出。

幾年來，我一邊從事教學工作一邊進修，經常不分日夜地埋頭寫作，沒有家人的支持，我無法全心投入研究，在此我要向內人商瑜容表達最深的謝意，是她讓我無後顧之憂，成就夢想。

中都開王殿是古蹟磚窯廠旁的一盞明燈，也是一盞孤燈。此書的出版，象徵眾人對文化保存的重視，保存運動才剛開始，我們正在爭取的，是新的歷史，新的可能。

最後，僅以〈煙囪〉這首詩，來傳達我對高雄這片土地的愛。

煙囪——記中都唐榮磚窯廠

商瑜容

假如你曾見過我

在某個仰望藍天的時刻

一定會記得我是如何執拗地

吞吐每朵雲的靜默

屹立在時光的荒原裡

斑駁著永恆的顏色

假如有風猶疑拂過

吹入乾冷的隧道

試探我

一定會訝異我是如此堅定地

信仰著那段不知疲憊的青春

在烈焰中用每塊磚去拼寫去歌頌

時代的滄桑印記

不惜耗盡生命的熱度

日人鮫島盛

臺灣煉瓦會社

打狗工廠

澎湖移民……

不停前進的意念交錯在我腳底

牛車晃晃蕩蕩順著輕軌

載來愛河的黏土

柴山的柴木

劈劈啪啪新世界的夢在八卦窯裡燃燒

日夜蒸騰的熱氣歡唱著寶島的樂章

胼手胝足凝結在一塊塊赭紅的磚瓦中

那是家國的輪廓

是安身的想望

而我並沒有遺忘

在滂沱的歲月裡

天空洗淨了憂傷

給我一道彩虹般的孤獨

揭開記憶的藤蔓

沿著煉瓦會社線的軌道漫溯

我看到

中都的故事砌在哈瑪星武德殿

與前庭的老榕樹一同呼吸

映在西子灣夕陽的容顏裡

在打狗英國領事館官邸

還曾經

寫進高雄州廳的磚牆裡

臨著恬謐川流

在大戰來臨之前

在我還熾熱的時分

2019.9.1

目　次

中都文史踏查地圖

圖　次

表　次

相　次

第一章　寫作緣起

　　近年來愛河成為高雄市重要的城市意象，市政府積極整治，期使河岸景觀改善，如今愛河下游已成為市民和觀光客悠遊河邊與乘船遊覽的觀光勝地。沿著中上游前行，來到同盟三路，遠遠就能看到兩支充滿歷史樣貌的巨型磚造煙囪，相對於下游住商混合的人文景觀，高聳的煙囪凸顯工業的氣息，這就是「台灣煉瓦會社打狗工場——中都唐榮磚窯廠」。近十年來，工業地景受到文資保存風潮的重視，開始向「文化化」轉型，於是這裡在 2003 年被市政府指定為市定古蹟，2005 年更由內政部指定為國定古蹟。如此特殊的歷史文化景觀理應遊客如織，然而磚窯廠古蹟園區卻是一片荒蕪寂寥，但見一間佇立在荒地上孤零零的紅色小廟，入口處掛著木製名牌，上頭寫著：「磚窯場百年古廟——開王殿」，相對於臺灣傳統廟宇周邊常見的聚落景觀，孤寂的開王殿更顯得與眾不同（見相 1-1）。

相 1-1　2014 年開王殿外觀與門口木牌
資料來源：莊文韋拍攝（2014 年 1 月 20 日）。

　　位於中華二路與同盟路、中華橫路所圍成的「中都工業區」，此時此刻正以前所未見的速度產生劇烈變動，除了國定古蹟中都唐榮磚窯廠外，在這一片被抹平重劃的的文化地景上，[1] 出現方正的土地與整齊的道路，開王殿孤寂的身影其實見證著這一切。

　　那麼，中都地區原有的地景為何？又因何產生變動？

　　開王殿與周邊聚落坐落的土地原是磚窯廠所有，1984 年唐榮公司向市政府提出變更中都地區所屬土地都市計劃之申請，期能將工業區變更為住宅用地，並籌建經貿商業區。直到 2008 年，市府開始積極辦理中都地區市地重劃，在觀光休閒的推展、優質生活區、創造土地價值等目標下，市府依據中都地區劃定第 68、69 期重劃區的行政命令，逐年開始進行住戶拆遷補償工作。2012 年位於磚窯廠北側，最大面積的工寮聚落已悉數拆除，徒留下與聚落同被排除於古蹟保存區外的開王殿（見相 1-2）。

　　然而中都開王殿至今能保存下來並非偶然，2010 年因市地重劃，開王殿遇上從未經歷過的拆除危機，在學界、文化界、在地信徒的動員之下，他們積極透過人際資源、利用各種媒體傳達開王殿的文化保存價值，也嘗試透過申請登錄文化資產的方式尋求保存的可能性，以及經由地方民代試圖影響政府都市計畫的決策。2011 年 7 月 15 日第一屆「開王殿管理委員會」正式成立，這個委員會讓信徒們與磚窯工

1　Mike Crang 指出「地景」是由集體塑造，屬於群體的資產，是一種文化，反映某個社會的生活現象、信仰與實踐，並匯集風俗、經濟、信仰、政治等元素，且隨著社會文化變遷，記錄著文化演變與遺留的軌跡。Mike Crang 著，王志弘、余佳玲、方淑惠譯，《文化地理學》（臺北：巨流，2003），頁 18。

相 1-2　2018 年開王殿空拍圖
資料來源：莊文韋拍攝（2018 年 8 月 19 日）。

的後代團結起來，在保存運動者的協助下，大家開始學習管委會的運作，並把廟方的事務公開、透明化，同時持續積極地向公部門陳情與協商。這股堅定的力量，在一次次與公權力溝通的過程中，產生了連結效應也發揮了作用，開王殿得以保存至今，但是在未得官方相關單位的具體承諾下，能否繼續保存下去依然是個未知數。

「台灣煉瓦會社打狗工場──中都唐榮磚窯廠」見證 20 世紀磚材生產工業的發展，八卦窯及煙囪年代久遠且工法細緻，保存相當完整，廠房內還有各式不同時期的生產設備，具產業文化的稀有性、代表性和完整性，也可看出生產技術的演進，對於學術研究、文化保存

及鄉土教育，具有實體解釋的功能。在高雄市轉型之餘，市府在面對都市重劃、經濟開發的巨大壓力下，能將工業城市歷史發展的重要遺址加以保留，誠屬不易。只是，這些工法細緻的建築除了讓人思古懷舊外，是否足以呈現常民的情感依附，或是勞動者的生活記憶？產業文化資產樣態綜合性甚高，如果能在上述廠房、設施、行政中心建築之外，再融合因產業發展而形成的窯工生活文化地景，是否更能多元並完整地呈現文化資產的豐富樣貌？這是在文化資產保存與再利用的運動中，值得進一步思考的。

　　政府在文資保存的劃定初期，尚未能整體性地保存產業文化資產的豐富樣態，保存區未能涵蓋在磚窯廠歷史發展脈絡下形成的工業聚落，僅初步保留工業遺跡。未來在進行古蹟保存範圍的劃定時，是否能重新納入當年的窯工信仰中心開王殿？是許多人關心的議題。

　　如今，曾居住於開王殿周邊聚落的居民，不論因為生活環境因素抑或被迫搬遷，皆已離開自己原本的家園，但是在這塊曾經居住的土地上，在寄託信仰的開王殿裡，許多居民曾經扶老攜幼一起參與過宗教民俗活動；一起經歷過乩童問事的儀式行為；一起在苦難時祈求神明的悲憫與疼惜，儘管它後期曾經因為諸多因素導致廟宇人聲鼎沸、香火興旺的風光景象不再，沉寂黯淡多年，但是現在夜晚時分，不少信徒仍會回到此地，齊聚廟埕，閒話家常。

　　從接觸開王殿以來，筆者一直好奇究竟是什麼樣的力量，讓人們願意無怨無悔投入保存運動？而這條漫長的文化保存之路是何時開始？保存運動的策略為何？中途遇到何種阻礙？又是如何挺過黑夜，重見曙光？這些問題的答案都有其獨特的意義，不應被淹沒在歷史的

洪流中，因此，筆者期能梳理中都地方發展的歷史脈絡、釐清開王殿的歷史變遷，以探討保存開王殿的文化意義，更希望透過實際參與這項保存運動，以微觀歷史、內部觀點清楚記錄與分析這段仍是現在進行式的文化保存運動。

第一節　研究回顧

一、文資保存的問題與探討

　　關於文化資產指定與保存的議題，林崇熙的〈文化資產詮釋的政治性格與公共論壇化〉文中指出，文化資產的參與者多元異質，使得文化資產具有「詮釋彈性」，加上文化資產成立過程經歷的場域層次多，使得文化資產的建構歷程具有高度的政治性格。[2] 作者在另一篇文章〈文化資產的價值營造〉，進一步說明文化資產非僅是物質性存在的文明成果，而是其價值被建構出來，成為眾人的價值觀指涉後，文化資產才終於成立。換言之，文化資產非眾人理所當然的共同價值，即非自明性存在，需要被爭取、抗爭、搶救，透過論述來營造文化資產的價值，使之成為社會發展的動量一環。[3] 由此觀之，唐榮磚窯廠一度有拆除之虞，2003 年，在文化愛河協會等多個文史團體奔走連署提案下，才使高雄市政府文化局召開古蹟審查委員會，指定唐榮磚窯廠為市定古蹟，2005 年由內政部升格為國定古蹟。而緊鄰磚窯廠的開王殿卻仍是前途未卜，信徒為了廟宇原址保留四處陳情，持

2　林崇熙，〈文化資產詮釋的政治性格與公共論壇化〉，《文化資產保存學刊》，1（1）（2007），頁 64-76。

3　林崇熙，〈文化資產的價值營造〉，《文化資產保存學刊》，13（2010），頁 41-56。

續請託各界有力人士，至今，保存運動仍在蓄積能量。

以現況而言，政府部門、文資委員雖然保存了部分工法細緻的產業建築，但未來是否能有其他更開放的文化資產保存思維，回應開王殿信徒的期待，仍有賴各界努力。蔡宗成的碩論〈工業遺址發展策略之研究——以中都唐榮舊廠為例〉，對於緊鄰愛河的磚窯廠工業遺址，建議輔以周邊的生態教育，導入文化觀光，並讓人民參與再開發利用。[4] 林崇熙的〈產業文化資產的消逝、形成、與尷尬〉，說明工業遺產具有高度的多元文化資產樣態綜合性以及高度的社區關連度，需要以不同的策略來進行產業文化資產的保存與再利用。保存範圍應有「生活生態圈」的原則，需要以整體性、有機性、活體式為保存的思考，而不是以物件式、靜態式、古董式、割裂式的保存方式來思考。[5] 雖然二者文章主軸是工業遺址的特殊性與活化，與筆者想要討論的開王殿文化保存不同，但是他們不約而同論述到，工業遺址應深入瞭解其產業價值，轉化成「生態博物館」的動態保存方式以活化再利用。開王殿與中都磚窯廠唇齒相依，其與磚窯廠產業文化價值的高度關連性，的確能思考建構「磚窯文化園區」之可能性。

周東森的碩論〈中都唐榮磚窯廠的生態博物館建構——開王殿原址保存運動〉，以保存運動者與觀察者的雙重角色，分析開王殿保存運動的由來與行動內容，研究指出若開王殿能成功保存，將在「中都磚窯文化園區」扮演關鍵角色，以進行社區動員，回應與建構「生態博物館」。作者指出，唯有保存開王殿才能重新詮釋「磚窯工文化」，

4　蔡宗成，〈工業遺址發展策略之研究——以中都唐榮舊廠為例〉（高雄市：國立高雄大學都市發展與建築研究所碩士論文，2006）。

5　林崇熙，〈產業文化資產的消逝、形成、與尷尬〉，《科技博物》，9（1）（2005），頁 65-91。

而不是只限於「磚窯文化」。[6] 此篇碩論是唯一針對開王殿保存運動的研究論述，提供本書對於保存運動歷程非常多的養分。

　　檢閱上述研究，學界有此「生態博物館」的文資保存概念，也反映與官方或文資委員有不同的文資保存思維。當兩方對文資價值認知產生背離時，搶救文資的保存運動就此展開。吳季昕的〈地方的文化資產保存戰役：以苗栗護窯運動為例〉探討護窯運動的共識動員。在護窯運動初階段，縣府與民間文化人士曾欲將川竹古窯登錄為歷史建築，但因需全部擁有者同意而未果，擁有者的家族也多數沒有保存概念，大多同意讓縣府徵收，導致護窯運動困難重重。作者也指出，護窯運動主要是以窯盟成員間的人際關係所展開，高度依賴網路媒體作為串連、傳播管道的社會運動。[7] 可見，若在地人士尤其是地主、管理者無法認知文資的價值，需要依靠外界的力量透過動員去發起保存運動，而傳播的媒介、動員的方式也是需要去關注的重點。同樣研究文資保存運動的還有游步廣的〈當代旗山文化資產保存運動之研究（1990-2011）〉，文中以旗山文化資產為例，討論政府部門、地方文史工作者與民眾近十幾年來在文化資產保存運動的角色與作為。作者透過訪談、觀察與參與，去分析旗山具有保存爭議的文化資產，一般民眾的認同力量，究竟是如何逐漸匯集而成。[8] 儘管上述文資保存運動的事件不同，但都指出文資的建構歷程經歷的場域層次多且具有高度

6　周東森，〈中都唐榮磚窯廠的生態博物館建構——開王殿原址保存運動〉（高雄市：國立高雄應用科技大學文化創意產業系碩士班碩士論文，2014）。

7　吳季昕，〈地方的文化資產保存戰役：以苗栗護窯運動為例〉（苗栗縣：國立聯合大學客家語言與傳播研究所碩士論文，2003）。

8　游步廣，〈當代旗山文化資產保存運動之研究（1990-2011）〉（高雄市：國立高雄師範大學臺灣歷史文化及語言研究所碩士論文，2010）。

的政治性格。而筆者參考此模式，先耙梳文資的歷史脈絡，再透過參與觀察與深度訪談相關成員，去分析保存行動的歷程與內涵，期能呈現開王殿文化保存機制的各種面向。

此外，2010年因市地重劃，開王殿遇上從未經歷過的拆除危機，保存運動者利用各種媒體傳達開王殿的文化保存價值。回顧過去針對開王殿作歷史文化價值的研究，只有吳念穎的〈風雨飄搖的中都開王殿〉，作者以感性的筆吻略述開王殿的歷史沿革與遭遇到的困境。[9] 其他都是研究民間信仰、中都區域或是唐榮磚窯廠時概略提及開王殿的歷史，如黃有興的〈高雄市「澎湖廟」初探〉，作者訪談開王殿的管理人，以口述歷史呈現開王殿的建廟經過。[10] 陳雅玲的〈高雄市中都地區之發展與變遷〉，簡述開王殿的創建沿革，指出開王殿為日治時期中都地區居民的信仰中心。[11] 另外，陳淑端的碩論〈空間與地方文化燒製——高雄城市文化脈絡下的唐榮磚窯廠〉，[12] 及高雄市政府文化局委託財團法人成大研究發展基金會研究的《台灣煉瓦會社打狗工場——中都唐榮磚窯廠調查研究及修復計畫》、[13]《高雄市中都磚仔窯文

9 　吳念穎，〈風雨飄搖的中都開王殿〉，《高雄文獻》，1（3/4）（2011），頁217-222。

10　黃有興，〈高雄市「澎湖廟」初探〉，收錄於高雄研究學報編寫委員會編寫，《2002高雄研究學報》（論文集）（高雄市：高雄市社區大學促進會，2002）。

11　陳雅玲，〈高雄市中都地區之發展與變遷〉（臺南市：國立臺南大學台灣文化研究所碩士論文，2007）。

12　陳淑端，〈空間與地方文化燒製——高雄城市文化脈絡下的唐榮磚窯廠〉（雲林縣：國立雲林科技大學文化資產維護系碩士論文，2013）。

13　財團法人成大研究發展基金會，《台灣煉瓦會社打狗工場——中都唐榮磚窯廠調查研究及修復計畫》（高雄市：高雄市政府文化局，2005）。

化園區建置先期規劃計畫》，[14] 還有許玲齡的專書《磚仔窯的故事》、[15]《太子爺興外境：神威遠播三鳳宮》，[16] 雖然他們主要研究對象是中都唐榮磚窯廠，對開王殿著墨不多，但不約而同收錄豐富的磚窯工、中都居民口述訪談記錄，內容包含諸多對開王殿的歷史記憶或是現況描述。由於受訪者老多已凋零，所以筆者當探究開王殿的歷史演變時，這些相關訪談紀錄更顯得彌足珍貴，也是筆者在田野調查前非常重要的參考資料。

　　林崇熙指出，文化資產保存並非任意的政治議題，仍應回歸文化資產的內在精神去思考。[17] 開王殿其無形的文化資產價值在於信仰文化，而信徒對早年宣達神意的乩童幫信徒們開藥治病、指點迷津的歷史多所緬懷。有不少學者針對民間信仰中乩童作相關研究，如鄭志明的專書《宗教神話與巫術儀式》，作者整體概述了東方各家宗教的神話與巫術，他認為「巫」與「巫術」是原始宗教的特有文化形式，也是民間信仰的主要的宗教型態，民間信仰雖然吸收各種制度化宗教的文化內涵，本質仍是人們直接與神明交通與感應的宗教型態。[18] 書中對民間信仰「通神」與「巫師」的分析，提供本研究對開王殿早年的降乩問事有更深層的認識。

14　財團法人成大研究發展基金會，《高雄市中都磚仔窯文化園區建置先期規劃計畫》（高雄市：高雄市政府文化局，2007）。

15　許玲齡，《磚仔窯的故事》（高雄市：高雄市政府文化局，2003）。

16　高雄市文化愛河協會、許玲齡，《太子爺興外境：神威遠播三鳳宮》（高雄市：高雄市立歷史博物館，2016）。

17　林崇熙，〈文化資產詮釋的政治性格與公共論壇化〉，頁 74。

18　鄭志明，《宗教神話與巫術儀式》（臺北市：大元書局，2006）。

除此之外，謝貴文的〈從神明的治病敘述看民間信仰中的醫療文化——以高雄市為例〉，特別針對高雄市乩童的民俗醫療作為研究題材，作者援引《高雄市寺廟文化專輯》與《澎湖廟在高雄市》二書中的神明治病事蹟敘述加以分析，統計治病神明及其傳達方式、疾病類型、治病原因、治療方法等。[19]本書參考其歸納分析的方法，統計開王殿過去乩童問事的歷史文獻，從中分析信徒關於神明醫病的「靈力」傳說，以瞭解這股信仰的力量是如何一點一滴凝聚起來的。

二、靈力與地方感

觀察開王殿保存過程常聽到信眾眉飛色舞談論早期佛祖如何靈感，「靈感」或是「興」是臺灣民間信仰中，用來表述神明靈力的特質。關於神明靈力的議題，美國人類學者 P. Steven Sangren 曾做過一系列研究，早期他認為靈力來自神能夠調解陰陽、秩序與失序的能力。後來他以馬克思「異化」的觀點來解釋神明的靈力，認為靈力是個人與集體之自我再生產的異化表徵。他以傳說、神蹟為例，指出每個社會群體都有不少在神力的協助下，克服疾病、災害或外侮，使得群體得以延續的傳說，這些傳說原本是該群體自我再生產的過程（如同個人的見證是個體再生產的過程），然而最後卻異化為神明的靈力。[20]此概念歸結靈力終究是個人或群體的力量，亦即靈力是以人的行動力為底蘊，而其異化過程需有「物」的投射與凝聚。

---

19 謝貴文，〈從神明的治病敘述看民間信仰中的醫療文化——以高雄市為例〉，《高市文獻》，23（1）（2010），頁 30-54。

20 P. Steven Sangren 著，丁仁傑譯，《漢人的社會邏輯：對於社會再生產過程中「異化」角色的人類學解釋》（臺北市：中央研究院，2012），頁 173-205。

　　林瑋嬪說明神明的靈力是從神像的取材、雕造開始，歷經入神、開光點眼儀式，以及進香火、請兵安五營到最後進入信徒的社會網絡，透過治病、解決難事而逐漸累積其靈力，靈力主要是透過形體化而具有社會行動力以及地域化，定著於特定空間而來。[21] 不管是人之自我再生產亦或異化表徵的投射物，靈力畢竟得結合民間信仰的觀察才能落實對社會的觀察。

　　民間信仰活動具有特殊的內在邏輯，因而成為能夠整合經濟、社會、文化與象徵等各種資本的特殊場域，將社會中多重的關係網絡相關連，整合為一個整體的社會體系，陳緯華稱之為「靈力經濟」（the economy of spiritual power）。[22] 他認為神明的靈力是因為人的努力而增加，稱之為「靈力生產」活動。人們透過家鄉攜來、分香等方式創造神明，並且為維持或增加神明的靈力，必須定期舉行熱鬧的儀式活動，活動需要資源，人們為了投入人、物力資源而組成「神明會」。

　　從靈力消費的角度來看，信徒需要以具體的「心意」來換取神明的靈力。然而，在以金錢和勞力衡量靈力價值的過程中，眾人雖表達相同的心意兌換，但富人需付出比一般人更大的金錢或勞力貢獻，稱之為「心意兌換率」。而神明所獲得的勞力與金錢奉獻越高，代表活動越熱鬧、人氣越旺，神明的靈力就越強。所以經營者透過神明生、法會、進香等祭典舉辦來匯集人氣，以及神明降乩問事來創造神蹟以生產靈力。總而言之，神明的靈力需要人去生產，這是一個持續的

21　林瑋嬪，〈臺灣漢人的神像：談神如何具像〉，《國立臺灣大學考古人類學刊》，1（2）（2003），頁 141-142。

22　陳緯華，〈靈力經濟與社會再生產：清代彰化平原民間信仰與地方社會的形成〉（新竹市：國立清華大學人類學研究所博士論文，2005），頁 58、228。

動態過程，人們意識到神明的靈力並非既存且不變，而是會隨著人們的奉祀狀況而產生變化，從小變大或從興變衰，從有到無或者從無到有，只要生產力不足或經營不善，神明的靈力隨時可能衰微。[23]

對開王殿信徒而言，是否能透過回憶、想像、陳述、組構等不同形式，再生產關於靈力的歷史記憶？歷史記憶的「再現」，是否有可能凝聚共同的動員能量呢？這是值得觀察的切入點。那麼凝聚共同感知的土地情懷又會是什麼？

地方感來自人們對「地方」的感知。Tim Cresswell 指出「空間」有別於「地方」，被視為缺乏意義的領域，而「地方」是對人們具有意義與安定感，當人對於局部空間的意義投注，可使空間成為地方，地方也成為人們觀看、認識、理解世界的方式。[24] 而群體的行為必須要在空間內才得以實踐。然而空間絕不是一個價值中立的存在或是人們活動的背景，它除了滿足人們遮蔽、安全舒適的需求，更展現了人們在某時某地的社會文化價值與心裡認同。[25]

David Seamon 則認為地方也是人群從日常生活中日復一日操演出來的，指出人們在日常生活中的移動都是一種習慣，這種習慣性、自動地移動若長時間維持，就會產生「時空慣例」（time-space routine），在與特殊區位結合後，就會產生強烈的「地方感」（sense of

---

23　陳緯華，〈靈力經濟與社會再生產：清代彰化平原民間信仰與地方社會的形成〉，頁 55-104。

24　Tim Cresswell 著，徐苔玲、王志弘譯，《地方：記憶、想像與認同》（臺北市：群學出版有限公司，2006），頁 19-21。

25　畢恆達，《空間就是權力》（臺北市：心靈工坊文化事業有限公司，2001），頁 2。

place），產生了屬於地方生活節奏的歸屬感。亦即地方感來自於人們平日於某地長時間的生活經驗，是以地方為基礎，對於地方有主觀和情感上的依附發展而來的一種感受。[26] Mike Crang 也有類似的看法，他說明人群會在特定的地方，不斷重複特定的行為，因此與地方聯繫在一起，形成一種地方感，產生恆久持續的感情。他更強調人們會藉由地方感來界定自我，與他人分享特殊經驗，並且積極組成社群團體，創造出有界線（且常是排外）的範圍以便掌控領域，以此去分別外人與自己人。若當人與地方之間的關係受到侵害，那麼社群與人群對此地方的認同感也會受到影響。因為人們長久居住於一地，會讓地方併入當地人群的認同，亦即地方感會讓人群覺得有歸屬感，人們會透過「我」、「我們」及「他人」之間的關係區隔，來掌控這種認同感。[27]

就上引觀點而論，地方感源自於人群於地方的日常生活經驗，是對地方的歸屬與認同以及情感上的依附感受，且藉由地方感的存在，讓地方具有區辨人我、界定不同團體的意涵。另外由於地方雖代表一系列的文化表徵，能幫助我們藉由共通的地方文化，如語言和習俗、行為與思考習慣產生歸屬感，然而，這些蘊藏於日常生活中的行為、互動模式，常會被人們視為理所當然，而被忽略這些模式具有的地方特殊性。[28] 除此之外，地方感的建構還有一項關鍵的因素，即「集體記憶」（collective memory）。David Harvey 指出的地方常常被視為

26　轉引自 Tim Cresswell 著，徐苔玲、王志弘譯，《地方：記憶、想像與認同》，頁 15、57-59。

27　Mike Crang 著，王志弘、余佳玲、方淑惠譯，《文化地理學》，頁 136-147。

28　Mike Crang 著，王志弘、余佳玲、方淑惠譯，《文化地理學》，頁 136-137、148-149。

「集體記憶的所在」，是透過一群人與過往的記憶建構來創造認同的場址。他說：

> 地方感的保存或建構，是一種從記憶到希望，從過往到未來的旅途中的積極時刻。而且，地方的重構可以揭露隱藏的記憶，替不同的未來提供前景。[29]

所以，記憶與地方是無可避免的高度連結，並具有社會性，我們會選擇讓某些記憶獲得宣揚，而讓某些記憶消逝，以表彰某些事物。而建構記憶的主要方式之一，就是透過地方的生產。例如紀念物、博物館、特定建築物的保存、匾額、碑銘，以及將整個都市鄰里指定為「史蹟地區」，都是將記憶安置於地方的例子。地方的物質性，意味記憶並非聽任心理過程的反覆無常，而是銘記於地景之中，成為一種公共記憶。[30] 開王殿得以獲得信眾的保存支持是否就是這種公共記憶？對他們而言，公共記憶會是什麼？

所以，透過上述地方感論點的意涵，筆者認為有必要去探究中都地區聚落與社群的歷史脈絡形成，以及當他們在面對家園、信仰中心迫遷的危機時，地方因認同感所形成的界線，該如何實踐文化保存行動？

由於開王殿最常讓信徒傳頌與回憶的是乩童請壇問事的各種靈驗神蹟，而這一些「神明濟世」的事例，成為信徒們重要的共同記憶，

---

29 轉引自 Tim Cresswell 著，徐苔玲、王志弘譯，《地方：記憶、想像與認同》，頁 101。

30 轉引自 Tim Cresswell 著，徐苔玲、王志弘譯，《地方：記憶、想像與認同》，頁 138。

並在《開壇紀錄簿》[31] 上留下一筆筆詳細的記載。在臺灣民間信仰中常見宮廟乩童問事的儀式活動，但能留下詳細文字紀錄實屬罕見，因此本書之撰寫，除了參考前述的研究專著之外，亦試圖透過僅存的六本記錄簿，統計分析近兩千頁的內容，探討神靈現象與信徒的需求，還原開王殿的歷史樣貌。

　　此外，筆者使用大量的口述歷史、老照片與田野調查資料，期與文獻分析互補不足之處。更運用日治時期的戶籍、地籍資料作為分析素材，希望能突破前人的研究成果，釐清中都區域的移民組成以及開王殿最早的信徒來源。並查閱公部門的公文書資料，以瞭解多年來保存運動的脈絡及各方單位的想法。

31　黃清水、黃清海，《開壇紀錄簿》（1968、1969、1973、1974、1976、1984），
　　未刊稿。

第二章　中都開王殿的歷史演變

今日的中都地區歷史上屬於清代三塊厝聚落的地界，多數空間都因農墾條件不佳，並未有所開發。1899 年日本人鮫島盛在此創建鮫島煉瓦工場，開啟此地發展成工業區的序幕。當工廠林立，勢必帶動勞工移民至此謀生。究竟，歷史上「中都」地區形成哪些工業聚落與信仰文化？中都開王殿之歷史價值為何？至今讓信徒傳頌的主祀神明傳奇故事，當中隱含的靈力特色為何？將是本章欲探討的重點。

第一節　中都歷史中的開王殿

一、戰前「中都」地區與開王殿

「中都」地區隸屬現今的三民區，其範圍東至中華二路、南至縱貫鐵路、北西至同盟三路及愛河沿線。愛河是中都重要的景觀，它從仁武區八卦寮發源，蜿蜒向西，流經中華路後轉了一個大彎，河道在中都向南抵高雄港，河道所蜿蜒閉合的區域即是今日中都地區的北邊和西側界域。而「中都」並非古老的地名，它是 1966 年市府開闢中都街，以及中都戲院的進駐，帶動地方熱絡，「中都」才成為住民用來稱呼自己地方的名號。[1] 歷史上，今中都地區屬於清代三塊厝聚落的地界。

三塊厝位於愛河支流三塊厝溪（今高雄市第二號運河幸福川）河岸的北側，肇始於農業耕墾，據傳係明鄭時代隨軍而來的王、蔡、鄭三姓移民在此耕墾而形成聚落。王姓在東段的「橋頭」、蔡姓在南段

1　高雄市文化愛河協會、許玲齡，《太子爺與外境：神威遠播三鳳宮》（高雄市：高雄市立歷史博物館，2016），頁 115。

的「海堁」、鄭姓則在西北段的「後角」，並各自搭建房屋一間，遂取名為「三塊厝」。[2] 三塊厝位於左營—鳳山的陸運中點的位置優勢，地處河、海、陸聯運區位，交通機能相對重要，因而成為中式帆船（戎克船）泊船口岸與貨物集散之所，也是愛河沿岸各津渡聚落中，唯一在清領後期發展成「街」的港埠。[3] 清末的《鳳山縣采訪冊》記載：

> 三塊厝街，在大竹里，縣西十里，逐日為市。[4]

但是，今中都地區位於三塊厝西北側邊緣郊區，緊鄰河岸，且土壤多係黏土質，[5] 環境地勢低窪易生水患，不適合居民從事農業活動，其歷史上僅北邊臨愛河南岸出現「排仔路頭」的小聚落，類似像愛河北岸的「龍水」聚落，多數空間都因農墾條件不足，並未有所開發。

日治時期，「中都」地區的行政區劃歷經多次變動，歷經臺南縣鳳山支廳大竹里、鳳山廳打狗支廳大竹里、臺南廳打狗支廳大竹里等階段，1924 年實施地方改正高雄設市，隸屬高雄市三塊厝。

圖 2-1 是日治初期的地圖，今中都地區仍是一片荒蕪，人煙稀少。不過「中都」地區也因不利耕作而開啟不同的歷史發展脈絡，在

2　高雄市文獻委員會編，《高雄市舊地名探索》（高雄市：高雄市政府民政局，1983），頁 6-4 至 6-6。

3　林綱偉，〈清領時期愛河水運生活景觀想像〉，《環境與世界》，22（2010），頁 76。

4　（清）盧德嘉，《鳳山縣采訪冊》（南投市：臺灣省文獻會，1993），頁 137。

5　高雄市文獻委員會編，《重修高雄市志‧卷一地理志二篇》（高雄市：高雄市文獻委員會，1985），頁 6。

圖 2-1　1895 年間打狗附近地形圖
資料來源：中研院 GIS 中心，《臺灣百年歷史地圖》，資料檢索日期：2018 年
　　　　9 月 10 日。網址：http://gissrv4.sinica.edu.tw/gis/twhgis/。
說明：紅色圈選處為「中都」地區。

鮫島盛引進現代化的磚瓦製造技術後，拉開了「中都」地區成為工業
區的序幕。

　　1899 年由日本人鮫島盛在「中都」創建「鮫島煉瓦工場」，此時期
鮫島商行所經營的磚瓦製造事業已稍具規模，不僅在打狗旗後街設立
分公司，並在臺灣多處設立煉瓦工廠。[6] 鮫島煉瓦工場坐落三塊厝郊

6　翁靖傑，〈日治時期台灣近代建築建築材料紅磚的使用之研究——以商標作
　　為建築編年的初步探討〉（桃園市：中原大學文化資產研究所碩士論文，
　　2010），頁 34。

區，地價便宜且土地屬黏土土質，適合燒磚，鄰近的柴山可就近取柴當原料，對外運輸可採水路。場內設有三座傳統的目仔窯，為打狗地區首座磚瓦製造工場。[7]

1905 年 7 月 29 日《漢文臺灣日日新報》刊載〈打狗客談（二）〉一文中提及：

> ……打狗山下有大阪商船會社，煉瓦廠甚大。……鐵道列車日運磚覽北上，殆無虛日，足見煉瓦廠製磚發售，其利甚大……。[8]

可見甫於 1900 年 11 月通車的縱貫鐵路南段，已成為鮫島運輸的主要工具，且鮫島煉瓦工場燒製的紅磚，也適時供給鐵道部興建鐵道，如鳳山支線上的「打狗川橋梁」，[9] 以及縱貫鐵道由臺南繼續向北延伸的「南部線」，1902 年 8 月 7 日《漢文臺灣日日新報》即登載嘉義地區的鐵道工事，其使用的紅磚即由鮫島煉瓦工場供應。[10]

鮫島盛於 1901 年逝世，鮫島煉瓦工場由後宮信太郎以五年不支薪來抵 2 萬日圓資本，而取得經營權。1909 年，後宮信太郎從大阪窯業株式會社聘請中村工程師，在臺北圓山廠建造當時在日本很先進

---

7 轉引自陳淑端，〈空間與地方文化燒製——高雄城市文化脈絡下的唐榮磚窯廠〉，頁 73。

8 〈打狗客談（二）〉，《漢文臺灣日日新報》第 2172 號，1905 年 7 月 29 日，第 4 版。

9 謝明勳，《從臨港線從臨港線到水岸輕軌：高雄港市鐵道與產業 120 年軌跡》（高雄市：高雄市立歷史博物館，2015），頁 26-27。

10 〈鳳山地方產業の現況〉，《臺灣日日新報》第 1280 號，1902 年 8 月 7 日，第 2 版。

的八卦窯（霍夫曼窯），並將此技術引進三塊厝的煉瓦工場。1912 年
鮫島煉瓦工場的年產量約占全臺磚塊的七成，後宮信太郎也被稱之
為「臺灣煉瓦王」。1913 年，臺灣經濟繁榮，各地建築蓬勃發展，紅
磚需求量擴大。臺灣總督府投資 130 萬元日圓成立「臺灣煉瓦株式會
社」，整合各地既有之磚仔窯，「鮫島煉瓦工場」因而易名為「臺灣煉
瓦株式會社打狗工場」。[11]

　　隨著打狗港第一期築港工程於 1912 年完成，進入第二期築港計
畫，港口貿易額成長迅速。1920 年實施地方改正，設高雄州、置高
雄郡，1924 年高雄郡升格為高雄市。打狗工場也更名為高雄工場，

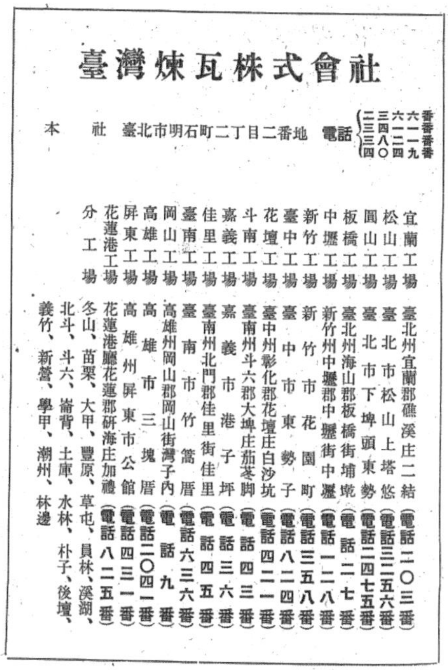

図 2-2 「臺灣煉瓦株式會社」刊登
　　　　於《臺灣建築會誌》的廣告
資料來源：《臺灣建築會誌》，第 16
　　　　　輯第 2、3 號（臺北市：
　　　　　社團法人臺灣建築會，
　　　　　1944），頁 107 後廣告。

11　高雄市文化資產網，〈文化資產‧台灣煉瓦會社打狗工場──中都唐榮磚窯
　　廠〉。資料檢索日期：2014 年 12 月 6 日。網址：http://heritage.khcc.gov.tw/
　　Heritage.aspx?KeyID=b38ebead-8d59-4b13-9015-980e782579da。

並擴充規模至六座霍夫曼窯,能以乾式壓磚機壓大量生產一等品 T.R（Taiwan Renga）商標紅磚,「T.R 磚」是品質保證,南臺灣地區日治時期重要的建築物磚塊均由此供應,如高雄州廳、高雄市役所、婦人會館、打狗英國領事館官邸整修、臺南州廳、哈瑪星武德殿、旗山武德殿等。直到日治末期,煉瓦會社內有一座蒸籠窯、六座八卦窯,為臺灣煉瓦株式會社中規模最大的工場。[12] 據統計,1927 年其年產一千一百多萬個紅磚,1934 年增加為二千六百九十萬個,年產量占臺灣煉瓦株式會社的三分之一以上,產量相當驚人。[13]

由前述可知,煉瓦會社的選址考量原料取得及運輸便利性,許多工場也同樣考量運輸需求而相繼在此設立,不少工場沿著可直達三塊厝驛,長度 1.2 公里的鐵道「煉瓦會社線」設置。[14] 工場的原料與成品除可倚打狗川（即今日愛河）水路也仰賴鐵路運輸,打狗川、縱貫鐵路和「煉瓦會社線」三者在中都／三塊厝交織便利的水陸交通網,自磚窯工場之後,相繼設立南興公司精米工場（1902 年）,為陳中和創辦的新式碾米工場;1913 年設立的南部製酒株式會社,是一所年產量三千石的小型工場,[15] 還有在酒精工場旁燒製石灰的大江石灰工

12　高雄市文化資產網,〈文化資產・台灣煉瓦會社打狗工場——中都唐榮磚窯廠〉。資料檢索日期:2014 年 12 月 6 日。網址:http://heritage.khcc.gov.tw/Heritage.aspx?KeyID=b38ebead-8d59-4b13-9015-980e782579da。

13　稻岡暹編,《新興臺灣の工場を視る（高雄篇）》（高雄市:高雄新報社,1936）,頁 62-63。

14　武澤贊太郎編,《改正　臺灣鐵道貨物運賃早見表》（臺北市:臺灣旅行案內社,1936）,頁 35。

15　作者不詳,《臺灣の工業地 打狗港》（臺北:株式會社臺灣日日新報社,1918）,頁 10-14。

場，[16] 以及 1922 年設廠於三塊厝驛對面，擁有全臺第一座自動化機器製罐設備的臺灣製罐株式會社，[17] 當地人俗稱銅釭仔會社；因應用電需求，1923 年落成的臺灣電力株式會社高雄第二火力發電所，[18] 還有 1939 年設立，利用高雄川旁的河渠當儲木池的天龍木材株式會社臺

圖 2-3　1944 年美軍空拍之「中都」地區工場
資料來源：中研院 GIS 中心，《臺灣百年歷史地圖》，資料檢索日期：2018 年
　　　　9 月 10 日。網址：http://gissrv4.sinica.edu.tw/gis/twhgis/。

16　臺灣總督府殖產局編，《殖產局出版第九〇五號　工場名簿》（臺北市：臺灣總督府殖產局，1941），頁 72。

17　芝忠一，《新興の高雄》（高雄市：新興の高雄發行所，1930），頁 114-116。

18　臺灣總督府殖產局商工課編，《臺灣總督府殖產局商工課　臺灣工場通覽》（臺北市：臺灣總督府殖產局殖產局商工課，1929），頁 303。

北支店嘉義出張所高雄工場。[19] 如表 2-1 和圖 2-3、2-4 所示。

表 2-1　日治時期於三塊厝設立之工場

設置時間	工廠名稱	經營項目
1899 年	鮫島煉瓦工場 （臺灣煉瓦株式會社高雄工場）	燒製紅磚
1902 年	南興公司精米工場 （陳中和物產株式會社工場）	碾米業
1913 年	南部製酒株式會社 （高雄酒精株式會社）	生產酒精
1922 年	臺灣製罐株式會社 （東洋製罐株式會社高雄工場）	生產鳳梨罐頭 專用空罐
1923 年	臺灣電力株式會社高雄第二火力發電所	火力發電
1927 年	大江石灰工場 （洪仙福石灰製造工場）	以咾咕石燒製石灰
1939 年	天龍木材株式會社臺北支店嘉義出張所 高雄工場	木材加工

資料來源：

1. 稻岡暹編，《新興臺灣の工場を視る（高雄篇）》（高雄市：高雄新報社，1936 年），頁 83-128。
2. 田中一二、芝忠一，《臺灣の工業地　打狗港》（臺北：株式會社臺灣日日新報社，1918），頁 10-14。
3. 臺灣總督府殖產局編，《殖產局出版第九〇五號　工場名簿》（臺北市：臺灣總督府殖產局，1941 年），頁 72。

19　臺灣總督府殖產局編，《殖產局出版第九四二號　工場名簿》（臺北市：臺灣總督府殖產局，1942），頁 96。

4. 臺灣總督府殖產局編，《殖產局出版第九四二號　工場名簿》（臺北市：臺灣總督府殖產局，1942），頁76、96。

5. 臺灣總督府殖產局商工課編《臺灣總督府殖產局商工課　臺灣工場通覽》（臺北市：臺灣總督府殖產局殖產局商工課，1929），頁303。

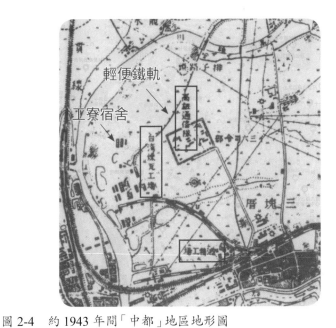

圖 2-4　約 1943 年間「中都」地區地形圖

資料來源：中研院 GIS 中心，《臺灣百年歷史地圖》，資料檢索日期：2018 年 9 月 10 日。網址：http://gissrv4.sinica.edu.tw/gis/twhgis。

　　特別的是，緊鄰磚窯廠東北側，日本海軍於 1926 年設置「高雄通信隊」，原名「鳳山海軍無線電信受信所」（見圖 2-4），最初業務是從事無線通信工作，後來增加公眾通信業務、航海船艦的救難通

信等。[20] 根據耆老回憶，通信隊軍人偶而會在晚上空閒時，到窯工宿舍找工人聊天。[21] 從日治時期戶籍記載能見到不同軍階的日本軍人居

圖 2-5　1944 年美軍空拍之臺灣煉瓦株式會社高雄工場
資料來源：地圖與遙測影像數位典藏計畫。資料檢索日期：2018 年 9 月 10
　　　　日。網址：http://gis.rchss.sinica.edu.tw/mapdap/?p=4074&lang=zh-tw。
文字說明：廖德宗。

20　作者不詳，《高雄州地誌》（高雄市：高雄州教育會，1930），頁 297。

21　報導人黃佛擇（見附錄二），現任開王殿奉茶，人稱阿殿伯，1933 年生，
　　訪談日期：2019 年 10 月 9 日，未刊稿。

住於此，地址為三塊厝 909 番地。例如擔任「鳳山海軍無線電信所中佐」的藤田寅治（1884-？），石川縣人，1928 年與一妻四子從鳳山郡大寮庄轉寄留至此地。還有擔任「鳳山海軍無線電信所受信所主任海軍特務少尉」的菅家傳次（1888-？），新潟縣人，同於 1928 年從鳳山郡大寮庄轉寄留至此地，也同於隔年遷出。另外，擔任「海軍二等兵曹」的谷口義夫（1908-），熊本縣人，一同寄留的還有其父母親，1934 年直接從熊本縣遷居至此地。

磚窯廠因緊鄰此軍事單位，所以在二戰時因美軍的戰機轟炸，導致磚窯廠受砲火波及，水泥大煙囪與部分廠房毀損，至今中都的耆老回憶起當年，都還有藏身防空洞躲避戰機轟炸的鮮明記憶。

因為三塊厝工場林立，三塊厝儼然成為日治時期高雄的輕工業區，而此區域規模最大的工業單位乃是煉瓦會社，其寬廣的占地空間主要是原料需求，因為需大面積取土以供給燒磚。甚至，煉瓦會社為挖取原料黏土，在其北側鋪設三條往北延伸的輕便鐵軌以提高運輸效率，作業方式是以水牛拉動臺車來搬運取土，地點涵蓋今日的青海路、中華路、大順路、凹仔底一帶。[22] 顯示出廠方忙碌的運輸及龐大的生產規模。

圖 2-5 為 1944 年間美軍的航拍圖，清楚顯示煉瓦會社的空間構成，其廠區設施主要有六座橢圓形八卦窯、三支大煙囪、四間機器間、二間倉庫、二個炭圍仔（露天煤炭放置場）。六座八卦窯，窯體高大壯觀，1 號窯在窯頂自設一支磚造煙囪（現仍保存，稱為南煙囪），2 號窯、3 號窯、6 號窯共用一支磚造煙囪（現仍保留，稱為北

22　報導人黃佛擇，訪談日期：2013 年 12 月 22 日，未刊稿。

圖 2-6　1944 年美軍空拍之臺灣煉瓦株式會社高雄工場及周邊環境
資料來源：美國加州大學柏克萊分校地球科學與地圖圖書館（中研院人社中心整
　　　　理），編號：WASP259_V15。資料檢索日期：2018 年 9 月 10 日。網址：
　　　　http://webgis.sinica.edu. tw/map_berkeley/。

煙囪）。4 號窯與 5 號窯共用一支煙囪（水泥造，已拆除）。四間機器間為切磚或壓胚的廠房，其中 3 號機器間為製作 T.R 磚之壓胚廠房。另外，八卦窯兩側整齊排列者，為風乾磚胚的風架及磚塊成品。[23]

另外，管理階層之設施有位於煉瓦會社東南側的事務所、廠長宿舍及南側的日本職員宿舍（見圖 2-6）。廠長宿舍緊鄰事務所，而南側的日本職員宿舍區約有八、九間，其鄰近高雄川處為碼頭，廠方利用水運之便在此運送磚頭至高雄港銷售。[24] 除水運外，往南有通往熱鬧的北野町、鹽埕町市區的便道，及可直達鄰近三塊厝驛的「煉瓦會社線」，此鐵道主要以牛隻拉貨車運送磚頭、煤炭，沿鐵道旁的小路則可通往熱鬧的三塊厝市街（見圖 2-3）。可見，日人將管理階層設施集中安排於煉瓦會社南側，其地理位置集水陸交通之便，職員宿舍緊鄰作業廠區，工作地點與生活區域合一，提高便利性。

由戶籍資料的職業登記欄可知擔任煉瓦會社的職員，大部分為移居至此地的日本人。例如原日清（1884-?），鹿兒島縣人，職業登記為「煉瓦會社書記」；姬宮義臣（1911-?），廣島縣人，職業別為「臺灣煉瓦會社事務員」。其餘還有擔任「臺灣煉瓦會社員」的藤川熊吉（鹿兒島縣人）、坪內正雄（廣島縣人）；擔任「煉瓦會社員」的古田杉太郎（鳥取縣人）、稻波德次郎（愛知縣人）、木村豐（廣島市人）、關大亮

23　廖德宗，〈解讀高雄中都磚窯廠之歷史空間位置〉《地圖與遙測影像數位典藏計畫》（地圖俱樂部）。資料檢索日期：2018 年 9 月 10 日。網址：http://gis.rchss.sin ica.edu.t w/mapdap/?p=4074&lang=en。

24　南邊的宿舍區到戰後成為主要是磚窯廠高級職員（多為外省人）的辦公處。報導人黃佛擇，訪談日期：2015 年 6 月 19 日，未刊稿。

（大阪府人）、永石卓（佐賀縣人）。擔任「煉瓦（株式）會社員」的臺籍移民只有陳大琮（臺北市宮前町人）與董建發（臺南市永樂町人）。

　　至於此區域最早的移民，其落腳處約有兩處，其一為「鮫島煉瓦工場」南邊，較靠近縱貫線處的三塊厝 1056、1035 番地。從戶籍資料顯示，1899 年原籍愛知縣的日本人林三藏（1875-？）從本籍移入三塊厝 1056 番地，職業登載為「煉瓦製造業職」，其戶下同居寄留者有六位日本人，其中三位職業同為「瓦製造業」，分別來自三重縣、佐賀縣、福岡縣。另外，還有來自島根縣的間宮龜吉，他與妻子於 1910 年遷入三塊厝 1035 番地。特別值得一談的是本籍佐賀縣的筒井寅市（一郎）（1878-？），1909 年與妻女遷入三塊厝 1035 番地，職業登記為「瓦製造職工」，同戶除了妻女外，另有同居寄留者 25 人，皆為「瓦職工」及其家屬。當中日人有四人，分別為瀧本卯之助（和歌山縣人）、住田政治（兵庫縣人）、半場玉吉（島根縣人）、隅田正治（兵庫縣人）。其餘臺籍者絕大多數為臺南廳漚汪堡（現今將軍區）人。除了日本人外，臺南廳漚汪堡人吳古也於 1910 年從本籍遷入三塊厝 1035 番地，職業為「煉瓦工」。除了其妻外，其戶口另外還寄留了九位同為瓦工職的臺南廳漚汪堡（將軍）人。

　　其二為「鮫島煉瓦工場」所在地 965 番地。戶籍資料顯示，來自大阪市的葛野庄治郎（1876-1931），身分為臺灣煉瓦會社專務取締役，授勳八等，1908 年從臺中廳揀東上堡遷入三塊厝 965 番地，職業登記為「煉瓦職工」，其戶下同居寄留人竟然有 107 名「煉瓦工」，這些煉瓦工分三梯次遷入，最早是臺中廳揀東上堡（豐原附近）人，次者 1911 年來自臺北廳芝蘭一堡（內湖附近），最後則是 1914 年的臺南廳北門郡人，大部分為臺籍勞工，少數為日籍人士。

　　李文環在《高雄港都首部曲哈瑪星》中提到日治時期高雄市運輸業核心地在「哈瑪星」，而運輸業需要仰賴大量勞動人口，以當時在湊町的日人松尾音次郎為例，其戶口除家人三人外，另寄留 26 人，家中雇人更多達 43 人，極可能是「貸間」業者。[25] 筆者推測當時三塊厝有為數不少的寄留戶口，可能類似哈瑪星的「貸間」型態，即有業者專門提供外來人口的暫時居住需求。如原本寄留於葛野庄治郎住處的臺北人王員，職業登記為「煉瓦製造業」，於 1912 年離開原寄留地獨立成戶，仍居住在 965 番地。除了妻兒外，在他的戶籍中還寄留 35 名臺籍人士，分別為 15 名臺北人、17 名臺中人、1 名新竹人、1 名嘉義人和 1 名臺南人，這 35 名寄留人口中當中有 33 人的職業登記為「煉瓦工」或「煉瓦製造」，2 人為「苦力」。1908 年移居 965 番地的臺北廳芝蘭一堡人王君運也是類似的情形，其職業登記為「煉瓦製造的雇人」，戶籍下同居寄留人共有 21 位臺中人。

　　綜合上述，初來乍到的「中都」移民無論日籍或臺籍，職業登載多為「煉瓦（職）工」、「瓦製造（職）工」、「瓦（職）工」、「苦力」等勞力從業人員，顯示此區域煉瓦業蓬勃發展，推測此區域除了鮫島煉瓦工場，可能還有一些小規模的煉瓦工場。另外，從上述戶籍資料也發現，日籍移民籍貫多元，臺籍移民來自北中南各地，且多有相互寄留於同籍者戶籍下的情況，似乎較依賴原籍地的社會關係。然而，筆者多次訪談當地耆老詢問關於中都移民的問題，得到的答案多是中都的移民皆來自澎湖或臺南。這當中的歧異可能和上述這些在 1908 至 1912 年間遷居「中都」的移民，陸續於 1914 年前移出三塊厝有關。

---

25 李文環、蔡侑樺、黃于津、蔡佩蓉、余健源，《高雄港都首部曲哈瑪星》（高雄市：高雄市政府文化局，2015），頁 167。

不過因戶籍資料散亂，更詳細的日臺移民人口與籍貫，仍待更多的資料才能統計分析。

煉瓦會社 1913 年改制後，營運規模持續擴大，除了一座蒸籠窯外，更有五座霍夫曼窯，[26] 勞力的需求持續增加，由戶籍資料顯示，1916 年之後有一波澎湖籍移民遷入 965 番地，職業登記與第一階段有些許不同，大部分為「（煉瓦）運搬苦力」、「煉瓦運搬人夫」，名稱多了「運搬」二字，仍是低階、粗重的煉瓦勞力工作。例如來自澎湖郡嵵裡澳菜園的黃命，1916 年遷入三塊厝 965 番地，全家 6 人，戶下共有 30 位來自澎湖的同居寄留人，職業皆為「（煉瓦）運搬苦力」。此戶可視為最早移居「中都」的澎湖籍人士，當中又以黃姓居多。這些澎湖人可說是家族性的移民，後來逐漸在此落地生根。

依口述訪談資料，當年澎湖移民剛來時，員工們居住在工場煙囪西邊的一些茅草屋，後來廠方在煉瓦會社北側替他們建造窯工宿舍（今日九如橋前九如三路處），[27] 此簡單的磚造工寮宿舍為南北向共四排，每排分為東西向雙面住戶，中間只隔一堵磚牆，每排工寮約住三十多戶，共約一百二十戶。《新興の高雄》記載與口述資料吻合，1930 年會社職工四百人以上，工寮宿舍約一百三十戶，無償提供給職工居住，算是不錯的待遇。[28]

26　財團法人成大研究發展基金會，《台灣煉瓦會社打狗工場——中都唐榮磚窯廠調查研究及修復計畫》（高雄市：高雄市政府文化局，2005），古蹟及歷史建築概要 -11。

27　財團法人成大研究發展基金會，《台灣煉瓦會社打狗工場——中都唐榮磚窯廠調查研究及修復計畫》，附錄一 1-11。

28　芝忠一，《新興の高雄》，頁 117。

　　但後來不敷使用，廠方在工寮東側加蓋一排較為簡陋的竹寮以供窯工居住，主要來自澎湖菜園[29]（今馬公市菜園里）的黃姓移民窯工，呼朋引伴逐漸在這簡單的工寮宿舍落腳。[30] 磚窯廠整體空間構成，廠房居中，南北側分別為日人管理階層與臺灣勞工階層的兩大宿舍區。

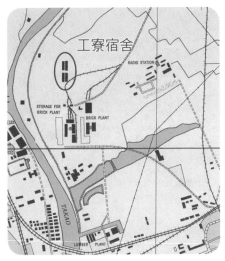

圖 2-7　1945 年間美軍所繪地圖中的高雄「中都」地區
資料來源：美國德州大學（奧斯汀分校），Formosa (Taiwan) City
　　　　　Plans U.S. Army Map Service, 1944-1945 ,Takao.
　　　　　資料檢索日期：2018 年 9 月 10 日。網址：http://
　　　　　www.lib.utexas.edu/maps/ams/formosa_city_plans/。

29　三百年前黃姓祖先到此地就農兼捕魚時，選擇土壤肥沃的低窪地種植蔬菜，由於遠望係一片綠油油的菜園，因此取「菜園」為地名。資料來源：澎湖縣馬公市公所網站〈地理位置‧里鄰介紹〉。資料檢索日期：2019 年 9 月 18 日。網址：http://www.mkcity.gov.tw/report.aspx?tid=D3C5BBCF8E60C F3D&pid=9AEF2DA48D1C26B7&cid=A12B6A7EEDCBDF78&v=1DDFE9C5 2ACCE91A。

30　報導人黃佛擇，訪談日期：2014 年 6 月 7 日，未刊稿。

坐落於北側的窯工宿舍便於工人以牛隻拉動輕軌臺車，往北取土搬運，但是相較於南側日人職員宿舍的交通便利性，窯工宿舍位於交通不便的荒涼之地，生活條件較差，開王殿即在此時由澎湖移民窯工於工寮裡創建，成為「中都」地區最早的廟宇，當地窯工的信仰中心（見圖 2-6）。[31]

圖 2-7 是美軍因應二戰軍事需要所製作的地圖，今中都地區仍屬於高雄市郊區，地區內並無大型聚落、市街，除了日本海軍高雄通信隊外，人口較密集的聚落集中於「煉瓦會社線」以北，即煉瓦會社北側的四排窯工宿舍。當地人或外地人，皆以「磚仔窯」、「灰窯仔」等具有工業特色的地名來稱呼此區域，顯示此區域的聚落都是依附工業勞力需求而形成，可視為中都地區最早的聚落雛形。也因窯工們生活、工作上對煉瓦會社的高度仰賴，讓落戶於此的窯工移民與煉瓦會社產生重要且緊密的連結，活動空間也集中於「煉瓦會社線」以北。此時草創於工寮的開王殿，庇佑信徒的靈力傳奇也從此展開。

二、戰後中都與開王殿的歷史地位

日治時期「中都」發展成為工業兼具軍事色彩的地區，聚落大體是附屬於工廠的職工宿舍。終戰後，高雄市的都市計劃仍以日治時期的規劃為主，此區仍維持著工業區的性質。而最大的工業單位臺灣煉瓦株式會社由行政長官公署工礦處接收，繼續工廠的高度運轉，以因應終戰後百廢待舉的各項建設。1947 年臺灣省政府整合工礦處所轄12 大公司，成立臺灣工礦公司，將高雄工場改稱「工礦公司高雄磚廠」，當時是臺灣規模最大的磚廠。此時除了磚窯廠北側有主要為澎

31　報導人黃佛擇，訪談日期：2014 年 6 月 7 日，未刊稿。

湖移民居住的工寮聚落外，高雄要塞守備團的眷屬三十多戶被安置在日治時期高雄通信隊的營區，之後又安置空軍防砲部隊的眷屬來此居住，成為中都地區唯一的眷村。[32]

戰後，窯工信徒們開始規劃遷址興建新廟，最後取得磚窯廠的同意，稱在神明的指示下選定廟址，地點位於磚窯廠區內，土地也是屬於廠方的，約於 1947 年完工安座。[33] 自此除了磚窯廠北側原有的工寮聚落，在離磚窯廠更近的開王殿周圍也陸續聚集一些移民，為尋找工作機會而移居至此。離開工寮獨立建廟的開王殿，在戰前已是窯工的信仰中心，戰後遷址新建後，香火益發鼎盛（見圖 2-8）。

戶籍資料顯示，日治時期陸續有移民遷入磚窯廠周邊，其中又以日治末期 1940 年前後人數最多。職業登記除了「（煉瓦會社）苦力」，還有「日傭」、「田佃作」、「孚船夫」、「雜貨商雇人」等勞力從業人員。值得注意的是，遷入地除了原先的磚窯廠區附近，還向南跨越了「煉瓦會社線」，聚集在陸路交通發達的鐵道南側，即今日川東里中都街 75 巷至 97 巷一帶，此區域原本除了日本職員宿舍與零星廠房、倉庫外，只有水圳、稻田以及因取土燒磚而挖掘的水坑。而這批移民除了少部分原本散居在磚窯廠 965 番地附近，大部分是來自北中南各地的外來人口。

據口述訪談，他們不屬於磚窯廠的員工，主要工作是以自己的牛車載運燒製好的磚頭給買主客人。因為磚窯廠的高產量及運輸貨品的

32　財團法人成大研究發展基金會，《台灣煉瓦會社打狗工場──中都唐榮磚窯廠調查研究及修復計畫》，頁 3-45。

33　1964 年廟方填報的〈高雄市寺廟登記表〉上登載開王殿為 1947 年募建，管理人：黃龍墜。高雄市政府民政局，〈高雄市寺廟登記表〉（1964），第 3 號。

圖 2-8　1960 年間高雄市航照影像的「中都」地區
資料來源：中研院 GIS 中心，《臺灣百年歷史地圖》，資料檢索日期：2018 年 9 月 10 日。
　　　　網址：http://gissrv4.sinica.edu.tw/gis/twhgis/。

便利性考量，逐漸形成一個約有五、六十戶的小聚落。因為居民在此畜養牛隻且有牛車聚集而有「牛車寮」、「牛寮」的稱號（見圖2-8）。[34]

　　曾玉昆曾指出高雄市以「牛車寮」為地名的至少有三處，其中一處即為此地，並認定與臺南北門移民有關，[35] 可見北門人大部分是戰

相2-1　1959年唐榮高雄磚廠以牛車運輸紅磚外銷
資料來源：謝惠民，〈唐榮裝運紅磚赴香港〉，1959拍攝。高雄市立歷史博物
　　　　　館典藏資料，登錄號：KH2002.018.028_0001-u。

34　報導人黃佛擇，訪談日期：2014年6月7日，未刊稿。

35　曾玉昆，《高雄市地名探源》（高雄市：高雄市文獻委員會，1987），頁100。

相 2-2　唐榮磚窯廠旁的牛車運輸景象
資料來源：石萬里,〈唐榮磚廠〉,拍攝時間不詳。高雄市立歷史博物館典藏
　　　　　資料,登錄號：KH2009.003.123。

後才移居至此,因為從日治時期的戶籍資料來看,北門郡人移民占此
區域移民的比例並不高,也未見北門郡人職業登記與牛車業相關。例
如 1943 年從三塊厝 945 番地遷入此處的黃全(澎湖菜園人),其職業
資料登記為「牛車挽」,另外 1937 年遷入的邱榮波(臺南曾文郡人)與
1939 年遷入的方仙化(臺南安定人),其職業登記也為「牛車挽」,卻
都不是臺南北門郡人。

　　值得一提的是，在「牛寮」還有職業登記為「木挽」的移民，例如從田町轉寄留此地的蔡金塗（臺北淡水人）與陳火炎（福建省惠安縣人）。另外，職業登記為「日傭」、「苦力」的有邱萬安（臺南新營人）、李水龜（臺南安定人）、林稿（鳳山人）、黃坦（澎湖菜園人）等。顯示此地初期的移民工作內容與籍貫一樣多元，並不都從事牛車載運工作。

　　由於磚窯廠的營運績效佳，勞力、販賣量需求高，戰後人口陸續移入「牛寮」。1957 年高雄磚廠賣給了看中工廠五十多甲土地附加價值的唐榮公司，公司並將之更名為「唐榮鐵工廠股份有限公司高雄磚廠」（以下簡稱「磚窯廠」），此時期仍維持高產量，加上生產效率高、品質優良，營運獲利大增，開啟了磚窯廠的全盛時期。中都的聚落由「牛寮」開始，形成南移發展的趨勢。

　　特別的是，為因應當地工業人才需求，1950 年在牛寮一帶（今威尼斯大廈）成立一所機械製圖補習班，1954 年組織董事會，改制為「高雄市私立建功機械製圖職業補習學校」，1957 年改設「建功高級工業職業學校」，1962 年改制為「高雄市私立建功中學」（見相 2-4）。[36] 另外，1960 年航照圖上於牛寮的南側，約今日中都街 63 巷至 75 巷處，出現三排有別於牛寮散亂的整齊建物（見圖 2-8）。原來，在 1959 年 10 月 24 日，高雄市鹽埕區發生大火災，報紙曾登載當時市政府發給災戶全毀者救濟金 400 元，半毀者 200 元，[37] 據當地居民的口述，

36　高雄市私立建功中學編，《高雄市私立建功中學第二屆畢業同學錄》（高雄市：高雄市立私立建功中學，1966）。建功中學於 1974 年遷校至內惟埤工業區，1988 年改制為高雄市中華藝術學校。

37　〈高市火災善後 決定救濟辦法〉，《聯合報》，1959 年 10 月 26 日，第 4 版。

相 2-3　1950 年建工機械技術學藝設計製圖實習
資料來源：高雄市中華藝術學校提供。

相 2-4　建功中學外觀
資料來源：高雄市中華藝
　　　　術學校提供。

圖 2-9　建功中學校徽
資料來源：高雄市中華藝術
　　　　學校提供。

市府於此區土地銀行的土地上建築低矮的平房，以安置這些原來居住於市府後面的違建受災戶，目前住戶皆已購地改建成三、四樓的透天厝。[38]

除了「煉瓦會社線」以南逐漸成形的聚落，中都地區的產業，由於愛河的水利運輸之便，日治時期即有天龍木材株式會社在河畔設廠，戰後，遷廠自上海的揚子木業公司，利用圳溝運輸的便利性，從事製作小型登陸艇的國防工業。華園飯店與唐傳宗（唐榮之子）合資的高雄合板公司也於 1960 年間設立於今中愛街與文興公園一帶。[39]另外由於磚窯廠長年取土製磚，在中都一帶留下許多水塘、窪地，剛好適合居民從事魚塭養殖，除了少許水田外，磚窯廠附近沿著愛河東側（今同盟三路）向北，及向東沿著九如三路，幾乎都是一畦畦的魚塭。1966 年起，林商號、亞洲合板木業開始大批收購當地魚塭土地權利，做為公司的儲木池，[40] 公司將原木經由與港口相連的愛河水路運送至中都廠區的的儲木水道中，加工為三合板之後，又從高雄港外銷到世界各地。1970 年代，中都一帶有多家合板工廠，包括知名的林商號合板木業、亞洲聯合木業等，現在的中都濕地公園，在當時即為這兩家合板公司之廠房與儲木池所在。[41] 當年木業公司進口的原木，以小艇拖曳在愛河中溯河而上，及占滿河道的景觀，曾是許多老高雄市民對愛河共同的回憶（見相 2-5、2-6）。

38　報導人李文環，訪談日期：2015 年 6 月 17 日，未刊稿。

39　高雄市文化愛河協會、許玲齡，《太子爺與外境：神威遠播三鳳宮》，頁 135。

40　陳雅玲，〈高雄市中都地區之發展與變遷〉，頁 55。

41　高雄市政府工務局中都濕地公園，〈中都歷史散步〉。資料檢索日期：2014 年 12 月 27 日。網址：http://pwbgis.kcg.gov.tw/zhongdu1/02.html。

相 2-5　木業公司以小艇拖曳原木，往愛河上游緩行
資料來源：陳大和，〈六十年代高雄愛河上原木託運情景猶然可見〉，拍攝時
　　　　　間不詳。高雄市立歷史博物館典藏，登錄號：KH2015.004.244。

　　然而，隨著 1960 年代中都的快速發展，唐榮公司卻因多角經營，向民間借貸高利資金，加上錯誤的土地投資，導致公司發生財務危機，1961 年唐榮公司被省府接管改為公營。之後紅磚市場競爭激烈且原料取得困難，唐榮嘗試轉型，自行研發以霍夫曼窯燒製耐火磚供自家鐵工廠使用，並陸續興建「倒焰窯」、「隧道窯」，營運績效佳，設有四條生產線，成為臺灣四大耐火材料製造廠之一，並於 1980 年易名為「唐榮耐火材料廠」。[42] 不過之後仍因工資高漲與新式建材的發展，1985 年停止生產紅磚，1992 年全面停工，讓中都的工業區型態正式走入歷史。

42　財團法人成大研究發展基金會，《台灣煉瓦會社打狗工場──中都唐榮磚窯
　　廠調查研究及修復計畫》，頁 3-21 至 3-22。

相 2-6　1967 年愛河龍水港河段貯木景觀
資料來源：謝惠民，〈愛河貯木〉，1967 拍攝。高雄市立歷史博物館典藏，
　　　　　登錄號：KH2002.012.662_0004-u。

　　戰後在中都地區陸續設廠的還有高興昌鋼鐵公司、大順水泥電杆廠等，以勞工階級為主體的居民生活環境普遍不佳，住家大多是占用公地，臨時搭建的簡陋建物，市府也不重視此區的公共建設與開發，將此區視為都市的邊緣地帶，往來道路彎曲狹窄，且無排水設施。1950 年代市府還向唐榮商界空地（今中都街一帶），作為高雄市的垃圾堆積場，[43] 以及在十全路一帶興建殯儀館（今勞工局博愛職訓中心）。因此，儘管中都工業蓬勃，此區一直處於高雄市市區發展開發的邊緣地區，且受限於封閉的道路系統及工廠所占據的大批低密度開發土地，形同一個閉鎖的小型社會。

43　許玲齡，《繁華落盡 話三塊厝火車站》（高雄市：高雄市政府文化局，
　　2007），頁 129-130。

相 2-7　唐榮磚窯廠裡排列在風架上的紅磚
資料來源：石萬里，〈唐榮磚廠〉，拍攝時間不詳。高雄市立歷史博物館典藏，
　　　　　登錄號：KH2009.003.124。

　　直到 1966 年市府將垃圾場填土掩埋，開闢中都街，及由知名的
建築營造業者蕭佛助設計的中都戲院落成，中都才形成一個熱鬧的小
商圈（見圖 2-10）。中都戲院是一樓民營菜市場、二樓戲院的複合式
建築，逐漸為中都街帶來大量的消費人潮與商業移民，附近街道湧現
新建的販厝，與各式各樣的商店林立，[44] 加上 1970 年貫穿中都地區的

44　陳坤毅，《建構繁榮城市的巧手：蕭佛助的建築物語》（高雄市：高雄市政
　　府文化局、玉山社出版事業股份有限公司，2013），頁 108。

九如三路開通，1974 年新建川東社區，[45] 以及 1970 年代揚子木業他遷，建商在原廠區與填平溝圳的土地，興建了五樓的中庸花園新城住宅社區。[46] 同時期市府陸續開闢力行路、中和街、中原街，1992 年

圖 2-10　1969 年高雄市航照影像的中都地區
資料來源：中研院 GIS 中心，《臺灣百年歷史地圖》，資料檢索日期：2018 年
　　　　　9 月 10 日。網址：http://gis.rchss.sinica.edu.tw/mapdap/?p=4074&lan
　　　　　g=zh-tw。

45　高雄市里政資訊網，〈我們這裡‧各里簡介‧三民區川東里〉。資料檢索日
　　期：2019 年 9 月 18 日。網址：https://village.kcg.gov.tw/VillageDetail.aspx。
46　陳雅玲，〈高雄市中都地區之發展與變遷〉，頁 61。

興建中都橋與愛河西岸連接，[47] 再將愛河沿岸的同盟路闢建完成。自此，交通網絡的連接改善才讓中都地區不再是個封閉的區域。

以 1985 年中都各里人數來看，最早發展的北區三里川東、德西、九如里[48] 土地面積雖然是南區四里裕民、力行、豐裕、千秋四里的 2.8 倍，[49] 人口卻大約是南區四里的一半（見圖 2-11、2-12）。主因是 1966 年中都街開闢，加上陸續的交通、都市計畫，吸引商業移民與新的居住型態，中都的發展重心從磚窯廠，逐漸南移到以中都街為中心的社區。中都北區面積雖大，但受限於磚窯廠的持續營運生產，除原有的工寮聚落與新建的合板工廠廠房、儲木池、魚塭外，空間並沒有太大的轉變。

隨著戰後中都人口持續移入，尤其南區四里的開發與人口增加最快，坐落於相對荒涼的北區，緊鄰磚窯廠的開王殿沒有因此喪失人氣，反而因為神明降乩濟世，[50] 傳奇的靈力吸引眾多信徒前來請求神明指點迷津。據筆者統計六本殿方珍藏的《開壇紀錄簿》，1960 年代平均每年高達四千多人前來開王殿參與問事活動，1970 至 1980 年代平均每年也逾二千人。[51] 顯示開王殿問事活動的頻繁與高度的人氣，

---

47 高雄市政府水利局，〈中都橋　彩虹仙境〉（愛河資訊網）。資料檢索日期：2014 年 12 月 27 日。網址：http://wrb.kcg.gov.tw/loveriver/bridge6.aspx。

48 九如里為「九如新村」眷村，住戶主要為陸、空軍眷屬，已於 2006 年裁撤併入德西里。

49 王賢德，《高雄市區里沿革圖誌》（高雄市：高雄市政府民政局，2001），頁 169-235。

50 「濟世」乃神明附身在乩童，為人指點迷津，消災解厄，或治病之謂。

51 黃清水、黃清海，《開壇紀錄簿》（1968、1969、1973、1974、1976、1984），未刊稿。

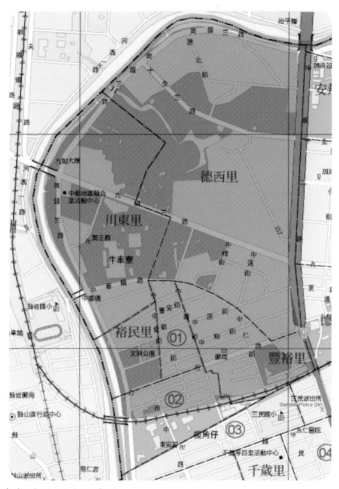

圖 2-11　中都地區行政區域圖

資料來源：高雄市政府民政局，〈高雄市三民區行政區域圖〉。資料檢索日期：

2018 年 9 月 10 日。網址：https://cabu.kcg.gov.tw/Web/DistrictE/Lo cal

Cultural/RegionMap.htm。

說明：1.①為力行里、②為千秋里，其中千秋里為 1974 年從③千北里 6-12

鄰劃分出來。

2.著色區域為中都地區的範圍。

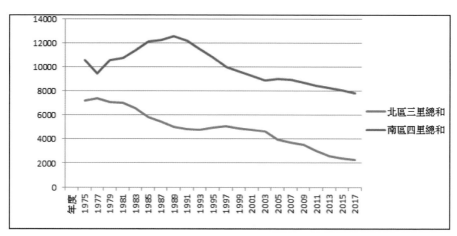

圖 2-12　1975-2017 年間中都北區三里與南區四里的人口變遷（單位：人）
資料來源：依據三民區第一戶政事務所的各里人口數資料統計。
說明：中都七里分為北、南區乃筆者的劃分。北區三里（川東、德西、九如）
　　　與南區四里（裕民、力行、豐裕、千秋）約略以中華橫路為界（唯川東
　　　里向南跨越中華橫路至中都街 75 巷）。

加上 1960 年代開王殿於中都境內的「遊境」活動，遊境路線涵蓋大部
分中都區域，可見開王殿於中都是最具代表性與知名度的人氣廟宇。
從前述中都發展的脈絡而言，開王殿所凸顯的歷史價值，除了它是工
業底層的常民信仰，也是中都歷史上最早的廟宇，更曾是當地最具影
響力的信仰中心。

第二節　主祀神轉變的靈力特色

　　一座廟宇的建廟緣由，不僅可以解釋神明的根源，也能將香火來
源視為地方上族群血緣傳播的途徑，因此建廟緣由或者傳說故事可以
成為民眾集體意識及地方史發展的一紀錄。所以要瞭解開王殿的歷史

文化價值，得先從這座廟宇的創建緣由開始談起。

一、草創的開王殿

前述提到位於三塊厝聚落發展邊緣地帶的「中都地區」，一直是一片荒蕪且人煙稀少，其聚落的形成與 1899 年鮫島煉瓦工場及之後改制成臺灣煉瓦株式會社打狗工場的設置有關，因為工廠需要大量的勞力，勞力需求牽引外地移民至此謀生，而遷移至此且落地生根的移民大多來自於澎湖。

一位之前在開王殿擔任降乩記錄工作的桌頭黃清水，[52] 1941 年旭公學校（今三民國小）畢業（見相 2-8），之後就讀原校高等科與旭青年學校，曾於煉瓦會社擔任助理員工作，1949 年後在三民區區公所擔任里幹事、出納辦事員與課員等職務。1960 年他在一份〈公務人員履歷表〉裡的自傳中寫到：

> 家父十六歲時為生活計渡台，住三民區川東里工礦公司
> 高雄磚廠做磚工，並叫祖母黃石參渡台，共同生活努力奮鬥
> 積蓄……。[53]

黃清水的父親名為黃龍墜，澎湖馬公菜園人，為開王殿最早的董事，按照黃清水自傳提及，父親 16 歲渡海來臺時為 1918 年，隨即在煉瓦會社擔任製磚工人，後來更擔任「包頭」的工作（戶籍資料職業

---

52 黃清水，開王殿最早董事黃龍墜的長子，1927 年生，長期擔任殿裡的桌頭、書記。

53 黃龍墜當時應於「臺灣煉瓦株式會社打狗工場」工作，1947 年工場更名為工礦公司高雄磚廠。黃清水，〈公務人員履歷表〉（1960），黃世民提供。

登記為「日傭」)。其戶籍資料記載 1934 年黃龍墜與母親及四個兒子離開三塊厝 965 番地三兄黃壯的住處,獨立成戶。

　　磚窯業為勞力密集的工業,舉凡取土、練土、製磚坯、搬運、燒窯等工作均採「包工點工制」,廠方直接對包頭外包工作,包頭人數約有五、六位,而黃龍墜是「大包頭」。[54] 他關係好,權力不小,據說私下被人稱為「地下廠長」,也因工場生產規模日益龐大,陸續找了更多澎湖人渡海來此地替磚窯廠工作。[55]

相 2-8　1941 年高雄旭公學校第三十四學級畢業照
資料來源:黃世民提供。
說明:末排右四為黃清水,前排坐者左為山崎敏二校長,右為笹田太郎先生。

54　許玲齡,《磚仔窯的故事》(高雄市:高雄市政府文化局,2003),頁 21。
　　報導人黃佛擇,訪談日期:2019 年 10 月 9 日,未刊稿。

55　報導人黃榮輝,父親為開王殿乩童黃清雲,1966 年生,訪談日期:2014
　　年 8 月 2 日,未刊稿。

　　窯工主要來自澎湖郡馬公街菜園（今馬公市菜園里）的移民，呼朋引伴逐漸在廠興建的四排工寮宿舍落腳，是工寮也是聚落。相 2-9 是戰後初期磚窯廠宿舍，二坡式磚造建築頗為簡陋。然而，就算是有著堅毅奮鬥、勤儉耐勞精神的澎湖人，在離鄉渡海之後，在中都這荒蕪極少人煙之處，也難免為氣候水土、瘴癘之氣所擾，復以燒磚工作環境極為辛勞，以及此地多為墓地，[56] 1918 年 6 月 9 日，曾有人在三塊厝庄整理廢墓地時，發掘到身體完好的「木乃伊」，並將之送至臺

相 2-9　戰後初期磚窯廠的工寮宿舍
資料來源：宋徐素香提供。
說明：後方為磚窯廠的煙囪，地上還鋪設有取土臺車使用的軌道。

56　日治時期，日人初設煉瓦會社時，曾挖出許多無名骨骸，居民便在今日力
　　行路和同盟三路交叉口的愛河邊上，搭一小祠祭拜，此為中都萬聖公媽廟
　　的開端。資料來源：陳雅玲，〈高雄市中都地區之發展與變遷〉，頁 62。

北博物館。[57] 面對這種不安與恐懼感，窯工們自然期盼有靈驗的神佛能保佑他們健康，能替居民們消災解厄，開王殿就在此環境背景下於工寮聚落裡應運而生。黃清水於 2006 年提到開王殿的由來時指出：

> 最早是在現在九如橋頭的九如三路中央和紅綠燈中間的一座小廟，那時廟裡面並無神明金身，只是供奉著由澎湖移民自家鄉帶來的香火，因為磚仔窯工寮的工人一直發生不平安的事情，大家工人都怕得要死，眾人決議由北門的人先回去南鯤鯓代天府分靈五府千歲中的三千歲來供奉，才安靜下來。[58]

除了「香火」[59] 說，阿殿伯小時候曾看過「紙尪仔」，他說：

> 一開始拜什麼神，當時還很小不知道，若是拜香火就是澎湖來。小時候有看到拜「紙尪仔」，像神明一樣的形體，那就是「佛祖」。印象中小時候所看到的「佛祖」都是紙做的，之後才雕金身，而前面放三尊王爺是金身，比「佛祖」還久。[60]

---

57 〈廢墓地全身陰屍〉，《臺灣日日新報》，第 6455 號，1918 年 6 月 12 日，第 6 版。〈木伊乃見物　打狗支廳の大賑ひ〉，《臺灣日日新報》，第 6459 號，1918 年 6 月 16 日，第 7 版。

58 黃清水訪談稿（2006 年 7 月），收錄於陳雅玲，〈高雄市中都地區之發展與變遷〉，頁 117。

59 香火就是神的咒符裝入布製小袋內，串線掛在胸前做避邪或招福用。（參見片岡嚴著，陳金田譯，《臺灣風俗誌》〔臺北市：眾文圖書，1990〕，頁 672。）

60 報導人黃佛擇，訪談日期：2014 年 10 月 22 日，未刊稿。

所以推測最早殿裡是供奉澎湖移民從原鄉帶來的香火，後來再改以紙糊的「紙尪仔」神明形體供信徒參拜。一位開王殿乩童黃清雲[61]的兒子黃榮輝也提到類似的說法：

> 一開始是三尊「捏紙人」，裡面是糯米捏麵人加石灰用紙去貼，小小的，7 吋而已。[62]

黃清水曾提到最早的神像是「紙糊金身」。[63]亦即一開始沒有從澎湖帶來故鄉的守護神或信仰的神佛神像，而是以紙糊的「紙尪仔」形象出現，後來可能在經濟比較穩定、信徒日益眾多的情形之下，才雕了三尊神像金身。阿殿伯在小時候還曾經看過在三尊「佛祖」金身雕好後，信徒將「紙尪仔」神像燒掉。不過「佛祖」的稱謂並不是一開始就如此稱呼，早年信徒都尊稱澎湖神為「大媽、二媽、三媽」。

在另一次的訪談中，黃清水指出是臺南北門人倡議，他們說家鄉南鯤鯓代天府五府千歲非常靈驗，乃由吳三福[64]等數人，回去恭迎一

61　黃清雲為黃龍墬的么子、桌頭黃清水的小弟，約從 1959 年至 1989 年擔任開王殿乩童。

62　報導人黃榮輝，訪談日期：2014 年 8 月 2 日，未刊稿。

63　黃有興，〈高雄市「澎湖廟」初探〉，頁 63。

64　戶籍資料記載吳三福為 1890 年出生，臺南州北門郡將軍庄人，1922 年從三塊厝 965 番地轉寄留於此地，職業登記為「苦力」。另外依據一張約 1942 年由臺灣軍經理部高雄出張所發給吳三福的「出入許可證」，上面記載他擔任「艜人夫」，從事在愛河上以竹筏運磚至高雄港的工作。轉引自陳淑端，〈空間與地方文化燒製——高雄城市文化脈絡下的唐榮磚窯廠〉，頁 120-121。

尊三千歲金身前來工寮奉祀。[65]可見當時澎湖窯工們頗為信仰南鯤鯓
王爺的神威，認為以王爺的金身更能壓制地方邪靈，保護眾人平安。
因此窯工們他鄉作故鄉，就在所居住的工寮聚落裡創建開王殿，期盼
神明的庇佑——那麼，開王殿創設的位置在哪裡？

　　筆者的主要報導人黃佛擇，人稱阿殿伯，也是現在開王殿裡的奉
茶廟公，1933年出生於工寮宿舍（參見附錄二），住所剛好位於廟的
隔壁，他指出小時候看到的開王殿座落在四排工寮宿舍裡的西側第一
間（見圖2-13），記憶中開王殿的門比一般住家來得大，而當時的廟

圖2-13　1944年美軍空拍之臺灣煉瓦株式會社高雄工場工寮宿舍
資料來源：美國加州大學柏克萊分校地球科學與地圖圖書館（中研院人社中
　　　　　心整理），編號：WASP259_V13。資料檢索日期：2018年9月10
　　　　　日。網址：http://webgis.sinica. edu.tw/map_berkeley/。
說明：紅圈處即為草創於工寮的開王殿。

65　黃有興，〈高雄市「澎湖廟」初探〉，頁63。

額與現在廟宇裡懸掛的十分類似，都清楚寫著「開王殿」三字，還掛有另一塊「玉旨牌」。與阿殿伯同年出生的老先生黃棉雕，兒時亦住於工寮宿舍，他對日治時期開王殿的地點有著與阿殿伯相同的記憶。[66]

但是令人好奇的是，在這個類似「澎湖社」的工寮宿舍聚落，北門人的人數與扮演的角色為何？阿殿伯回憶兒時的記憶說到：

> 小時候知道有北門人來到這，只是當時北門人很少，幾個而已，都住不久，來來去去，不像澎湖人是整群來到這裡定居。一開始有可能是來賺食的北門人回臺南請三王過來的，因為澎湖人要去北門請王爺來是不可能的事，澎湖人要帶神過來機會也不高，大家都是想來賺錢的。[67]

戶籍資料顯示，遷入磚窯廠附近的移民籍貫多元，除了澎湖移民，也混居部分流動的北門郡人，例如黃清水口述恭迎三千歲金身前來工寮奉祀的吳三福，其戶籍資料記載為 1922 年從 965 番地轉寄留於此地（仍為 965 番地）的北門郡將軍庄人，顯示在 1922 年之前，吳三福即已遷居於此。

不過於日治末期，有一批移民包含部分的臺南北門人，逐漸聚集在磚窯廠南側發展，即今日川東里中都街 75 巷至 97 巷一帶。他們以自己的牛車載運燒製好的磚頭給買主客人，逐漸形成一個小聚落，因為有牛車聚集而有「牛車寮」、「牛寮」的稱號。磚窯場北側是工寮宿

66　報導人黃棉雕，1933 年生，訪談日期：2013 年 12 月 22 日，未刊稿。

67　報導人黃佛擇，訪談日期：2014 年 10 月 22 日，未刊稿。

舍，南邊則是牛車寮，這兩處由勞工移民所建立的聚落各有信仰，而開王殿歷史最早，最具代表性。

據上述報導人說法可證實開王殿是創立於日治時期，筆者推測時間約為 1920 年代，原因有三。第一，1900 年時鮫島煉瓦工場一個月製造超過五十萬塊磚，主要提供給南部地區鐵道工程使用，[68] 此時工場產量甚大，勞力需求肯定吸引不少移民窯工來此工作與居住。另外根據臺灣總督府殖產局《臺灣工場通覽大正七年》的紀錄，1918 年臺灣煉瓦株式會社打狗工場的男工人數為一百人，女工人數為二十人，[69]因人數眾多，推測此時窯工可能從工場西側的茅草屋搬入四排磚造工寮宿舍，亦即有了較為固定的住所，例如前述 1916 年來自澎湖郡菜園的黃命，其戶下共有 30 位來自澎湖的同居寄留人。來自澎湖的移民依賴原籍地的社會關係，也在此住所形成新的人際網絡，共同的生活遭遇自然會產生祈求神佛庇佑的需求。

第二，今日在開王殿的八仙桌上，信徒仍保存及使用一只信徒敬贈的「千歲爐」，上面清楚刻寫著「昭和己巳年五府千歲　弟子丁鴨謝」[70]（見相 2-10），若在昭和己巳年（1929）已擺放此香爐，可推

68　轉引自翁靖傑，〈日治時期台灣近代建築建築材料紅磚的使用之研究——以商標作為建築編年的初步探討〉，頁 35。

69　臺灣總督府殖產局編，《臺灣總督府殖產局　臺灣工場通覽　大正七年》（臺北：臺灣總督府殖產局，1920），頁 34。

70　推測丁鴨與丁押為同一人的可能性極高。據戶籍資料所載，丁押為 1887年生，臺南州北門郡將軍庄人。另外，根據 1927 年 2 月 2 日《臺灣日日新報》，第 5 版〈博徒逃んとして墜落重傷〉，煉瓦會社苦力丁押於 2 月 1日於工場外賭博遭警官追捕，過程中由高處墜落導致左肩骨折，有生命危險。

相 2-10　五府千歲爐（昭和己巳年）
資料來源：莊文韋拍攝（2017 年 10 月 12 日）。

測信徒已從南鯤鯓代天府分靈五府千歲中的一尊三千歲（吳府千歲）
來此殿供奉。戶籍登載丁鴨為臺南北門郡將軍庄人，職業登記為「日
傭」，1910 年與其兄丁土龍遷入位於三塊厝 1035 番地的吳古住處，
1924 年轉寄留至磚窯廠旁的 965 番地。

　　另外，在殿方保存的一頂小神轎上刻寫著「昭和四年　李府千歲
　澎湖蔡猜、許生[71]、陳旺　仝謝」，顯示在昭和四年（1929 年）還有
另一尊李府千歲神像。而且誠如上述黃清水口述，在迎請五府千歲之
前開王殿已供奉澎湖移民自家鄉帶來的香火，後來再改以紙糊的「紙
尪仔」神明形體，亦即開王殿供奉神祇是在 1929 年之前。

71　戶籍資料記載許生生於 1892 年，為澎湖廳湖西庄人，1928 年遷入三塊厝
　　1065 番地，職業登記為「豆腐行商」。

　　第三，從 1968 年《開壇紀錄簿》內容記載，當年改選出第三十九屆副董事、正副總理、正副爐主、頭家，若以開王殿一年改選一屆的傳統往回推算，如果連續每年都有順利改選，第一屆時間應該落在1930 年。

　　綜合上述考察，開王殿日治時期歷經兩階段，首先是 1929 年之前主神是供奉澎湖移民自家鄉所帶來的香火，後來改以「紙糊金身」來祭祀，1929 年才迎請南鯤鯓代天府的五府千歲來供奉。澎湖神和鯤鯓王也就成為開王殿的神祇。不過，從廟名為「開王殿」，似乎說明 1929 年迎請鯤鯓王爺的重要性是高於澎湖神。

二、主祀神之轉變

（一）「大媽、二媽、三媽」

　　從前述的兩階段演變，第一階段是還沒有「開王殿」廟名時，1929 年之前主神是供奉澎湖移民自家鄉所帶來的香火，後來改以「紙尪仔」來祭祀，最後才雕三尊神像金身，信徒敬稱為「大媽、二媽、三媽」。關於神明從「紙尪仔」到金身的神像雕刻傳說，信徒流傳的說法是與林邊的刻佛師父有關係，且是帶有傳奇色彩的神明託夢。開王殿管委會主委張鶴鐘說：

　　　　聽老輩說，「佛祖」是住在林邊的「林邊師」刻的，他刻佛很厲害，有在夢境中看到，才能刻出「佛祖」金身，且是經「佛祖」指點走路到這裡，遇到乩童爸爸墜叔公（按：黃龍墜）……。[72]

72　報導人張鶴鐘，訪談日期：2014 年 7 月 27 日，未刊稿。

報導人黃榮輝說：

> 1944 年有一林邊人江深拿三尊「佛祖」找我祖父（按：黃龍墜），說有小姐請我雕三尊神明，請我送來這裡……。[73]

另外黃清水的兒子黃世民也有類似說法：

> 阿公以前是當住持、董事長，其餘稱董事。有次他開會說「佛祖」想要雕金身，佛祖還起駕說大家不用煩惱，自然有人會請來。沒過多久，林邊師傅就背三尊來，說三佛祖託夢請他雕金身，我阿公先付錢後再募捐，並幫金身開光點眼。[74]

「三尊帶有鮮明女性化形象的神像，雕工精細，法相莊嚴，鳳冠霞帔，有的手持淨瓶，或打手印或持經書。」這是筆者從幾位耆老談及兒時對「佛祖」神像的形貌讚語。雖然觀音與媽祖同屬於母性形象的神明，但是幾位耆老皆稱兒時未曾聽聞過「媽祖」稱號，且現今安座於三尊「佛祖」神像旁的為觀音的協祀神「善財童子」與「龍女」，所以可以推斷信徒口中的「大媽、二媽、三媽」即為「觀音」。

而林邊師傅因為神明託夢而雕塑金身攜來的傳說，在口耳相傳下顯然已成為信徒的集體記憶，神明除了藉由託夢雕金身的傳說，展現其傳奇靈力，也成為一種代與代之間對佛祖信仰及神話的傳承。更重

---

73 報導人黃榮輝，訪談日期：2014 年 8 月 2 日，未刊稿。

74 報導人黃世民，父親為黃清水，1956 年生，訪談日期：2014 年 8 月 4 日，未刊稿。

要的是，從香火、「紙尪仔」提升到神像，神明具像化意味著神明靈
力被信徒肯定。換言之，神明的靈力透過形體化而具有社會行動力，
從而定著於特定空間，如此別於他處，專屬於社區守護象徵，這是一
種地域化的展現，除了展現神明靈力的與眾不同，也更能凸顯靈力的
差異化，進而強化信眾對神明的信仰。

（二）王爺濟世

主祀神無論是「大媽、二媽、三媽」或「觀音佛祖」，廟名稱為
「開王」總是格格不入，有其蹊蹺，此與王爺信仰有關。為何信徒會
轉向王爺而非既有的觀音呢？且後續還雕塑二千歲、大千歲的金身。

阿殿伯回憶當年：

> 北門人請一尊三王來這裡，我在小時候曾看過他們請來
> 放在樹下拜，澎湖人拜自己的，北門人拜他們的。五王只有
> 南鯤鯓有，澎湖是沒有五王，我的想法是可能大家都住在磚
> 仔窯，就請進來一起拜。小時候只知道三王最先來，後來再
> 雕二千歲與大千歲……。[75]

報導人黃棉雕回憶小時候在殿裡看到的景象，他說：

> 前面三尊是女的，當時稱大媽、二媽、三媽，後面是大
> 王、二王、三王。[76] 我在 6、7 歲時看三媽是非常漂亮的，三

---

75 報導人黃佛擇，訪談日期：2014 年 10 月 22 日，未刊稿。
76 當時的排列方式與現今是王爺在前觀音在後不同。

媽是騎一隻白馬，腳還翹一隻起來，很漂亮，可惜後來被人
偷走了。[77]

可見日治末期，殿裡已新增供奉三尊觀音的神明金身，也同時
奉祀分靈自北門南鯤鯓代天府的吳府三千歲，及信徒雕刻的李府大千
歲、蘇府二千歲三尊神明金身。在神龕上已同時有六尊神像供信徒焚
香膜拜。更重要的是，報導人口述王爺在後的神像的排列方式，說明
主祀神為王爺。

臺灣移民廟的創建，通常是移民在離開原鄉時，將自家奉祀或廟
宇神明的香火、神像帶到新天地，保佑移民生活安定，或是定居之後
再回原鄉迎請神明，開王殿的創建也是如此。不過特別的是，主神王
爺最早是由工寮宿舍區占極為少數的北門人回到原鄉迎來，同時，澎
湖蔡猜等人也奉獻李府千歲「小神轎」，廟名因此以「王」為名，取名
為「開王殿」。原因為何？

筆者推測可能的原因有下列數項。第一，澎湖由於早期自中國的
移民以漁民居多，道士或漁民渡海時，多迎「王爺」隨船，藉以保佑
海路平安，安居後為免遭瘟疫，亦紛紛建廟，所以澎湖地區的王爺信
仰風氣甚盛。[78] 因此，當澎湖人在日治初期移民至中都，澎湖原鄉本
有王爺信仰，故能接受當時在臺灣各地已是神威顯赫，有著崇高地位
的大廟──南鯤鯓代天府之分靈為其信仰主神。1929 年《臺灣日日新
報》即報導當年南鯤鯓廟大祭時，來自臺中、高雄等地的參拜者高達

77　報導人黃棉雕，訪談日期：2013 年 12 月 22 日，未刊稿。

78　黃有興，〈高雄市「澎湖廟」初探〉，頁 65。

三萬五千人，[79] 甚至在大祭二日（農曆四月二十六、二十七日），因為來自各地的參拜者熙來攘往、絡繹不絕，廟方還會函請佳里驛，請求鐵路票價減價二成。[80] 且南鯤鯓代天府在日治時期即與澎湖有淵源，依照 1922 年 8 月 30 日《臺灣日日新報》的登載，南鯤鯓王爺在當年曾遠赴澎湖郡「出巡」：

> ……臺南轄內南鯤鯓及青鯤鯓兩廟王爺，自月前駕船到澎，由北管港鄉上陸，遂由該鄉及附近之鐵線尾、嵵裡等鄉請入巡遊，嗣而馬公、文澳、案山、宅腳嶼、烏崁、隘門、太武等，亦皆請到，巡迎一週……[81]

當時南鯤鯓王爺行跡遍布澎湖各地，至少停留三個月，熱鬧非凡，《臺灣日日新報》以「南鯤鯓五王來澎湖本郡已經數月，迎者相續不絕。……幾於無村不有，舉郡若狂……」[82] 來形容其盛況，可說是當時澎湖最大的宗教盛事。澎湖人甚至用船運送建築石料，給南鯤鯓廟當賀禮。[83] 目前在南鯤鯓代天府中，仍保留不少大正年間澎湖民眾、廟宇的捐贈題記。[84] 所以，尊崇王爺的靈力是來自澎湖的信徒信

---

79 〈炭しか殘らぬ　金銀紙の代りに　お賽錢を……〉，《臺灣日日新報》第 10465 號，1929 年 6 月 7 日，第 5 版。

80 〈南鯤鯓廟祭典〉，《臺灣日日新報》第 8278 號，1923 年 6 月 9 日，第 6 版、〈五王祭典〉，《臺灣日日新報》第 8985 號，1925 年 5 月 16 日，第 4 版。

81 〈迎王狀況〉，《臺灣日日新報》第 7995 號，1922 年 8 月 30 日，第 6 版。

82 〈迎王狀況〉，《臺灣日日新報》第 8063 號，1922 年 11 月 6 日，第 6 版。

83 〈北門郡南鯤鯓廟大祭〉，《臺灣日日新報》第 9376 號，1926 年 6 月 11 日，第 4 版。

84 王見川，〈光復前（1945）的南鯤鯓王爺廟初探〉，《北台通識學報》，2（2006），頁 102。

仰轉向的原因之一。

其二，林瑋嬪指出：「原本無形、遍存的神明被雕成金身，轉變為具像、定著於聚落的性質後，神與人之間便有了更多社會生活交集的可能。」[85] 王爺的形體化早於觀音，更為明確形象的神明，與信徒產生緊密的連結，其靈力更能得到信徒的信任。

其三，神明除了具像於神像，也具像於人身。阿殿伯從母親那裡聽聞過一位軼名的五王乩童，他認為是開王殿最早的乩童，他述說這段傳奇聽聞：

> 我媽媽說最早的乩童是五王的乩童。開王殿還在工寮那裡的時候，有一次乩童操劍刺破自己的頭，頭被劈開了，大家用椅子讓他躺著，血流非常多，我媽媽還幫忙用臉盆把流到地上的血倒到愛河裡，因為怕日本警察知道。老輩還說，若隔日天亮人沒醒，要用大搥把廟壁打壞，當作他是在午睡時被倒塌廟牆壓死，當天晚上還請兩人在旁邊照顧。結果天還沒亮，大約3點多，他爬起來叫醒照顧他的兩人，說他要起來工作了，而且人好好的，看起來沒事。我媽媽說非常的靈感。後來他不聽佛祖的話堅持要討海，他覺得討海比較好賺，當磚窯工比較難賺，比較辛苦，硬是出海跟人去抓魚，結果遇到颱風，就沒有再出現過。[86]

85　林瑋嬪，〈臺灣漢人的神像：談神如何具像〉，頁 135。
86　報導人黃佛擇，訪談日期：2014 年 10 月 22 日，未刊稿。

不過根據黃榮輝口述，第一位乩童名為黃偏，當年十多歲，是開王殿最早「撐手轎」[87]的乩童，他說：

> 首位乩童「偏仔」年紀十多歲，拿手轎拿到會發了。他已有家庭，但是愛喝酒不工作，沒能力顧家。當時「佛祖」領旨下來救世，處理中都惡地，因為這裡到處天花、霍亂。但是「佛祖」後來受難犯天譴受天戒，因為「偏仔」的老婆用女生內褲蓋住他讓他退駕，他因而發瘋，後來很快就死了。[88]

但是阿殿伯反駁黃偏為第一位乩童的說法，他說認識此人，是位愛喝酒的工人，酒後甚至會在水溝裡睡覺。阿殿伯說：

> 有聽說「佛祖」要用「偏仔」當乩，但是他的媽媽故意用要生小孩的黑裙蓋住他，因為他媽媽不希望神明用他，所以他沒被「佛祖」用，不算是「佛祖」的「乩」，也不算是乩童。[89]

綜合兩位報導人的說法，在日治時期黃偏[90]想成為乩童，卻被某位女性用對觀音不敬的衣物罩住，導致觀音靈力受到影響，這或許可

87　常見於一般宮廟神明辦事時，傳達旨意的方式之一，在關撐轎前，法師或乩童在轎上安符施法，請神靈登轎。神明「下駕」一種為依附在抓轎者的身上，以半起乩方式書寫文字；另一種為神明依附轎子上，轎手依其力道，順勢寫出文字。資料來源：文化部臺灣大百科全書，〈手轎〉。資料檢索日期：2019 年 9 月 18 日。網址：http://nrch.culture.tw/twpedia.aspx?id=12126。

88　報導人黃榮輝，訪談日期：2014 年 8 月 2 日，未刊稿。

89　報導人黃佛擇，訪談日期：2014 年 10 月 22 日，未刊稿。

90　戶籍資料記載黃偏生於 1909 年，為澎湖廳馬公街菜園人，1927 年遷入三塊厝 965 番地。

以解釋現在信徒對於開王殿 1960 年代香火鼎盛，即觀音降乩問事的輝煌時期，皆稱之為佛祖的「大復興」。黃榮輝曾提及早年「佛祖」降駕於父親時曾語多批評前任乩童，並直言「佛祖」神靈因受難不在殿裡，所以「佛祖」才在 1954 年採童，讓當時 18 歲的父親「受禁」而成為乩童。[91] 亦即此時期對信徒而言，因觀音沒有乩身，神明的靈力不如王爺，其地位明顯被能降乩濟世的王爺取而代之。

　　此「王爺濟世」時期，宗教儀式除了有乩童還有信徒「撐手轎」，即手轎上安一張靈符，讓神明降駕在手轎上，使用轎腳在八仙桌上的香灰寫字。殿方仍保留當年的手轎及另一頂 1929 年由澎湖籍信徒奉獻，四人扛的李府千歲「小神轎」（見相 2-11、2-12）。阿殿伯說：

相 2-11　手轎
資料來源：陳淑媚提供。

相 2-12　李府千歲神轎（昭和四年）
資料來源：陳淑媚提供。

91　報導人黃榮輝，訪談日期：2014 年 8 月 2 日，未刊稿。

這頂小神轎是用兩隻竹竿穿過去，再用繩子綁起來。竹竿的一邊可以壓低在香灰上寫字，而神尊是綁在轎上，當轎在「發」的時候，持轎的人動作都十分激烈。[92]

所以手轎與小神轎皆不需要乩童就能操作儀式，可以想像當年草創於工寮的開王殿，五王乩童與信徒手持手轎或神轎，搖擺身軀、口唸神語的激動情景，也反映此時期王爺信仰的興盛。

開王殿裡奉祀著分靈自北門南鯤鯓的王爺，成就開王殿的名號，卻又因信徒多為澎湖移民，使得廟宇帶有「澎湖廟」的色彩，目前有信徒珍藏一塊可能是最早期的廟額，其上除了清楚刻寫「開王殿」，還註明是「昭和十六年（1941）六月十日，澎湖廳湖西庄許姚叩謝」[93]（見相 2-13，昭和十六與廳字樣已遭塗損），可見開王殿與澎湖信徒的連結關係。主祀神的轉變的現象，也反映信徒因靈力的需求，共同組織區域性的宗教組織，使代表不同祖籍的人群超越分屬不同群體的界線。

相 2-13　信徒捐奉的開王殿廟額
資料來源：周東森拍攝（2011 年
8 月 24 日）。

92　報導人黃佛擇，訪談日期：2013 年 10 月 22 日，未刊稿。

93　戶籍資料記載許姚生於 1889 年，為澎湖郡湖西庄人，1925 年遷入三塊厝 965 番地，1935 年轉回澎湖本籍，職業登記為「大工」。

　　由前述探討開王殿日治時期主祀神的特殊性與轉變，得知當時因磚窯廠生活環境惡劣，員工面臨共同的生存危機，故澎湖移民尋求長於斬妖除魔的王爺來解決問題。以及信徒對神明靈力強弱的認知與感應，應是造成信仰轉向的主因。首先，1929 年三王吳府千歲與李府千歲金身的出現，形體化早於觀音，信徒容易感受到較高的靈力，王爺進一步具像於人身，即五王乩童的「攑手轎」濟世，更是讓信徒直接體驗到靈力的最佳方式，也是王爺成為主祀神的主因。而沒有乩身的觀音相對弱勢，信徒解釋此時期是觀音的受難時期，所以才有信徒口中日後的「佛祖復興」。

三、佛祖「復興」

(一)廟宇遷建

　　在二次大戰期間，地方上人心惶惶，不僅有當地臺人子弟被徵調從軍，臺灣煉瓦株式會社高雄工場因為後方駐紮有日本海軍通信隊，因軍事性質而成為美軍戰機轟炸的目標，高雄工場也被炸毀一座水泥煙囪及兩座霍夫曼窯。[94] 因空襲緣故，讓信徒們驚惶害怕，不知所措，除了躲防空洞外，只能將希望寄託於神明，祈求神明能護國佑民，同時減輕居民們內心的惶恐。阿殿伯回憶起戰爭時的情景：

> 當時炸彈在炸時，神還在那（按：指在工寮頭間）。常常一早就很多人在燒香，大小人都在求，例如有人說女婿在走船，求神明去保護。有人的爸媽一早就燒香在哭，邊哭邊問

94　財團法人成大研究發展基金會，《台灣煉瓦會社打狗工場──中都唐榮磚窯廠調查研究及修復計畫》，頁 3-18。

　　兒子在哪當兵？請佛祖去保佑。當時我二兄被日本抽去山上
　　當兵，他說炸彈來時出現一條很寬的大溝，他竟然可以跳過
　　來，再回頭看，那是不可能跳回去的。[95]

　　今日還流傳有「三佛祖」接炸彈救世的傳說，主委張鶴鐘提到這
一則很多信徒口耳相傳的佛祖顯靈傳說：

　　　據說在日本時代，當時三顆炸彈炸下來時，「三佛祖」穿
　　　紅衣接住炸彈，後來日本人還因此來拜。[96]

這種在二戰時，信徒受到神明保護，神明讓地方免於戰火侵襲的傳
說，在臺灣各地皆有流傳，也形成臺灣人對二戰的集體記憶。

　　終戰後日人雖然離臺，但是因為百廢待興，各地的紅磚需求量
大，此地的高雄磚廠仍是臺灣規模最大的磚廠，[97] 繼續維持著高產能
運作。而此時因為信徒們認為原開王殿空間小，眾神尊委身於工寮
裡，應該為觀音、王爺蓋新廟，也可能早有為廟擴建的想法，只是苦
於沒有經費與合適之處，或受限於日本管理者對民間信仰的箝制。

　　各方對建廟地點意見不少，要遷建在磚窯廠裡，土地問題也需考
量廠方的意見，最後是在包頭黃龍墜取得磚窯廠管理者的同意，稱在
神明的指示下選定廟址，地點是在磚窯廠區內（見圖 2-14），土地也
是屬於廠方的。建成時，在新廟的後面只有一戶人家，後來慢慢才有

95　報導人黃佛擇，訪談日期：2014 年 10 月 22 日，未刊稿。

96　報導人張鶴鐘，訪談日期：2014 年 7 月 27 日，未刊稿。

97　財團法人成大研究發展基金會，《台灣煉瓦會社打狗工場 ── 中都唐榮磚窯
　　廠調查研究及修復計畫》，頁 3-18。

圖 2-14　1960 年間高雄市舊航照影像所顯示開王殿新址位置圖

資料來源：〈高雄市舊航照影像（1960）〉，中研院 GIS，《臺灣百年歷史地圖》。
　　　　　資料檢索日期：2018 年 9 月 10 日。網址：http://gissrv4.sinica.edu.
　　　　　tw/gi s/twhgis/。

人因為到磚仔窯工作，在殿旁自己搭建房子住，不過後到的移民籍貫
多元，都是前來磚窯廠找尋工作機會而移居至此。

　　廟宇正面面對磚窯廠，背倚愛河與柴山，信徒皆相信神明指定
的廟宇方位是極佳的風水位置。阿殿伯說：「這是佛祖選的廟址，選

得很好，後面是山，前面現在可以看得很遠。」[98] 可見，建廟的空間場域是神諭的，亦即是神所選定的神聖場域，這與多數的廟宇建廟選址雷同，除了顯現神威，取得信徒的信賴，亦能化解、排除在土地取得上的阻力與困難。此外，空間轉變的意義表示開王殿具相當的影響力，在戰後初期即能取得廠方的同意，遷址重建，意味著黃龍墜與高層良好的關係。南移的開王殿緊鄰磚窯廠，對外交通更便利，能擴大信徒的參與，方便窯工或外地信徒前來參拜。

特別的是，當時窯工信徒們以磚窯廠生產的紅磚為材料興建新廟，信徒紛紛於工餘時貢獻勞力擔任粗工，協助搬運建材，戰後即陸續規劃興建，工期約一年，於 1947 年完工安座，阿殿伯回憶說：

> 大約是民國 36 年蓋好遷到這，之前大概光復後就開始蓋。那時日本人剛回去，我約 14 歲。蓋廟有另外請師傅，磚頭是用這裡的，粗工是這裡的人幫忙，非常多人幫忙做土工。當時黃龍墜有參與，還有葉清績（按：虎爺的乩身）和他爸爸，我媽媽也有來幫忙。當初幫忙蓋廟的幾乎都是澎湖人，沒有北門人幫忙，很多早期的北門人都搬走了沒再回來。[99]

信徒運用自家的磚頭為建材，自力為信仰的神明興建新廟，此例實屬罕見，也顯見主要為澎湖移民的窯工信徒的團結連心，及他們對信仰的虔誠與刻苦耐勞的勞工精神。建廟時，工人就地拆取一截鐵軌，

---

98 報導人黃佛擇，訪談日期：2014 年 10 月 22 日，未刊稿。
99 報導人黃佛擇，訪談日期：2014 年 10 月 22 日，未刊稿。

裝設在內殿神龕下方用來增加強度，高度展現就地取材的特色（見相
2-14）。

　　建築樣式為有著燕尾屋脊的傳統擱檁式建築，有別於臺灣一般有
著壯觀的牌樓、深廣的廟埕及巍峨華麗祭祀空間的大廟，從老照片中
可以看出遷建後的開王殿建築裝飾本身簡單不華麗，沒有繁麗的外觀
脊飾，沒有精細的雕刻裝飾，甚至沒有龍柱與石獅（見相 2-15）。儘
管如此，相較於之前工寮宿舍較接近「私壇」的空間屬性，遷建至現
址後全新的獨立神聖空間，能讓信徒供奉更多的神明，也能幫助信徒
從事更多的「靈力生產」活動，滿足信徒對靈力的需求。自此，開王
殿的神明正式定著於此地，與人群、地域產生更緊密的連結。

相 2-14　置於內殿神龕下方，用以加強神龕強度的鐵軌
資料來源：莊文韋拍攝（2015 年 7 月 4 日）。

相 2-15　戰後剛遷建完成的開王殿
資料來源：黃世民提供。

（二）祀奉神明與主祀神的轉變

遷建新廟後，開王殿不再隱身於工寮宿舍裡，有了嶄新的空間樣貌，因為信徒的擴增和經濟上的允許，也為求殿裡民間信仰的完備，乃由信徒籌資，為神明雕奉金身。如前文所述，日治時期開王殿於工寮時期時供奉三尊觀音與三尊王爺，還有神案下的一尊虎爺公。廟方在遷址新建後，再雕塑四王、五王的神像金身安座於三尊王爺神像兩側。信徒林水波也雕塑了一尊中壇元帥入殿內供奉，[100] 另外還供奉一尊齊天大聖以及兩尊新的虎爺公。同祀神還有在神龕左側，主司生育安產的註生娘娘，與右側掌理土地財富的福德正神。

---

100 〈黃清水訪談稿（2006 年 7 月）〉，收錄於陳雅玲，〈高雄市中都地區之發展與變遷〉，頁 118。

另外在臺灣的部分廟宇，可能有信徒因特殊理由想在家中供奉神明，廟宇通常會雕造許多一式的分身神像，讓信徒請回家供奉，成為「家祀神」。開王殿在 1947 年遷址新建後，殿內一開始並無分身神明神像，令信徒至今最感惋惜的是，當初因廟方管理鬆散，一名蚵寮人以家中多位家人生病為由將鎮殿的三佛祖神像請回供奉，結果這尊讓耆老們印象最深刻的三佛祖身騎白馬的神像，從此了無音訊，廟方只好再重新雕塑三佛祖金身，但是樣貌與原來已經有所出入。阿殿伯說：

> 這位信徒住在這裡，是蚵寮人，在日本時代勢面很好，後來因為老婆、小姨的兒子都生病，把三媽金身請回去吃藥吃好了就沒有還回來。當時廟這裡都是放空營，沒人管顧。[101]

相 2-16　早期開王殿的右側樣貌
資料來源：楊菱三提供。
說明：由照片可見開王殿的建築原有
　　　燕尾屋脊與紅磚色板瓦的屋
　　　頂，可惜因為 1977 年賽洛瑪颱
　　　風侵襲，廟宇建物損毀，整修
　　　後屋頂變為黃色琉璃筒瓦。另
　　　外，現今的三川中門裙堵與邊
　　　間花鳥彩繪也與早期不同。

---

101 報導人黃佛擇，訪談日期：2014 年 10 月 22 日，未刊稿。

相 2-17　早期開王殿的左側樣貌
資料來源：黃曾瑞月提供。

相 2-18　從私立建功中學頂樓眺望唐榮磚窯廠的景觀
資料來源：陳黃素珠提供。
說明：照片中為陳黃素珠女士，時任職於私立建功中學。

　　後來，虎爺也遇到類似被信徒請回供奉的情形。廟方擔心憾事重演，陸續又雕了兩尊虎爺，一尊與工寮時期的虎爺同供奉於供桌下，一尊在內殿神龕下成為鎮殿虎爺。阿殿伯說：

> 　　外面的小尊虎爺在工寮那裡就有，裡面那尊是來這裡才雕的，要鎮殿用。以前，大家生病的時候都會請外面那隻小尊虎爺回家。[102]

　　令人感到疑惑的是，廟方遷址新建後，再雕塑四王、五王的神像金身安座於原三尊王爺神像兩側，此時五府千歲總算正式完備，但是除了三王是信徒們普遍認知由北門南鯤鯓代天府分香而來的神明之外，其餘的四尊王爺卻有兩尊姓氏是與南鯤鯓代天府的五府千歲不同（見表 2-2）。

表 2-2　北門南鯤鯓代天府與中都開王殿奉祀五府千歲對照表

	北門南鯤鯓代天府	中都開王殿
大王	李府千歲	李府千歲
二王	池府千歲	蘇府千歲
三王	吳府千歲	吳府千歲
四王	朱府千歲	黃府千歲
五王	范府千歲	范府千歲

資料來源：南鯤鯓代天府官方網站。資料檢索日期：2015 年 2 月 7 日。網址：http://www.nkstemple.org.tw/2010/index.htm。

---

102 報導人黃佛擇，訪談日期：2014 年 10 月 22 日，未刊稿。

在〈高雄市「澎湖廟」初探〉一文中所記載的開王殿五府千歲，皆為南鯤鯓代天府分香而來，且姓氏完全與代天府的李、池、吳、朱、范五王爺完全相同，[103] 在〈高雄市中都地區之發展與變遷〉一文提到的開王殿五府千歲，也說明是陸續自南鯤鯓代天府分香而來，[104] 但是阿殿伯反駁說：

> 我知道前三尊和南鯤鯓有連帶關係，若是五尊全部來自南鯤鯓，姓氏會和代天府一樣，現在廟名也不會是開王殿。[105]

曾有口述訪談記載，管理人黃清水表示吳府千歲是由北門人吳三福回代天府恭迎而來，信徒的姓氏與王爺相同。而黃世民說明父親黃清水也是如此告訴他，是由信徒的姓氏去決定王爺的姓氏，這是一個很特別的說法，他說：

> 大千歲是由澎湖李姓雕的，二千歲是由蘇姓的人雕的，四千歲黃府是我爺爺（按：黃姓）雕的，五千歲與南鯤鯓范王同姓，為姓范的所雕，以前姓什麼就雕什麼。[106]

阿殿伯始終堅信四、五千歲的由來是與「佛祖」有關係的，他說：

> 因為五王少兩王，想要再雕金身，是後來「佛祖」去找姓黃的。可能是去世的祖公仔做得不錯，王船去找來的。姓黃

---

103 黃有興，〈高雄市「澎湖廟」初探〉，頁63。
104 陳雅玲，〈高雄市中都地區之發展與變遷〉，頁40。
105 報導人黃佛擇，訪談日期：2014年10月22日，未刊稿。
106 報導人黃世民，訪談日期：2014年8月4日，未刊稿。

的那麼多怎會一定是他們的人，不是他阿公去找的，四五王
都是「佛祖」去取來的。[107]

根據林美容 1991 年在高雄縣對 392 間地方公廟所做的調查，有
86 座是以王爺為庄廟主神的王爺廟，這 86 個庄社中，有高達 64 個
有優勢姓。甚至有六座奉祀王爺的廟宇，無論主祀、副祀，所祀王爺
姓氏與居民姓氏一致。[108] 由開王殿王爺姓氏與林美容在高雄縣的調
查，都顯示王爺姓氏與奉祀人群姓氏是有密切關係的。

可能因為年代久遠，信徒對於殿內王爺的由來記憶模糊，目前信
徒仍然沒有一個統一的說法，也印證民間信仰的基本的特徵是強調靈
驗性，信徒對神明的膜拜，在於神明是否有靈，並不是很在乎是什麼
神明。[109] 但是從阿殿伯所說：「王爺是佛祖去取的」，暗示「佛祖」的
靈力在王爺之上，以及耆老記憶言語皆以「佛祖」而非「王爺」，間接
透露出，信徒再三強調主祀神佛祖的地位，亦即主祀神在戰後從五
府王爺轉變為觀音佛祖。這樣的轉變我們也能從神像的供奉位置來察
覺。據黃棉雕所述，開王殿遷址新建後的眾神尊排列方式是後排為三
尊王爺，前排為三尊佛祖，與在工寮時期的排列方式是一樣的，但是
與現今王爺在前、佛祖在後明顯不同。

且信徒為有別於媽祖信仰的稱號，大部分信徒不再簡稱觀音為
大媽、二媽、三媽，而是尊稱「觀音佛祖」。林美容認為女性成神稱

---

107 報導人黃佛擇，訪談日期：2014 年 10 月 22 日，未刊稿。

108 林美容，〈高雄縣王爺廟分析：兼論王爺信仰的姓氏說〉，《中央研究院民
族研究所集刊》，88（1999），頁 116、128。

109 瞿海源，《台灣宗教變遷的社會政治分析》（臺北市：桂冠圖書，1997），
頁 143。

為「媽」，媽祖生前人稱默娘，未婚而逝而成神，故稱為「娘媽」，成神之後，年齒也會增長，故稱「媽祖」。除了「媽祖」，臺灣對女性的神，如觀音也稱為「觀音媽」。[110] 如今開王殿的「觀音媽」轉變為「佛祖」，是一種神格與靈力正統性的宣示。針對信徒對神明的稱謂，阿殿伯提出說明：

> 最早拜是稱大媽、二媽、三媽，沒有稱呼佛祖，後來這裡「復興」找到乩，神明才說不能這樣稱呼，這樣會變成稱呼媽祖。所以要改嘴，改成稱大佛祖、二佛祖、三佛祖（按：指觀音佛祖），現在有人也還不知道，還會叫錯。[111]

所以主神再次演變，從佛祖「採乩」，乩童示意將「觀音媽」改稱、升格為「佛祖」開始，亦即信徒常言的「佛祖復興」，可視為開王殿歷經的第三階段。

戰後廟宇遷址新建後，五王乩童因年紀大慢慢將工作轉移給一位佛祖乩童，約從 1954 年開始，乩童每日以「南海普陀山觀音佛祖」降壇之名替信徒們消災解厄、開藥去病，這是最能讓信徒直接感應、受惠的方式。所以，筆者推測這是主祀神慢慢轉變為觀音佛祖的原因之一，也凸顯乩童對信徒的影響力與決定性。

今日佛祖的神蹟已成為信眾的集體記憶，在訪談過程都能對慈悲的佛祖救世事蹟如數家珍。所以，戰後會有「佛祖復興」，除了乩童因素，還有因信徒的擴增與生活環境的改善，地方共同的問題逐漸轉

---

110 林美容，《媽祖信仰與台灣社會》（臺北市：博揚文化，2006），頁 18-19。
111 報導人黃佛擇，訪談日期：2014 年 10 月 22 日，未刊稿。

變為信徒個人的問題，如祈求神明開藥方化解病痛等。因此，慈悲為懷的觀音佛祖也順理成章取代長於斬妖除魔的王爺成為主神。

另外，依據目前殿方保存的六本《開壇紀錄簿》，年分分別為1968 年、1969 年、1973 年、1974 年、1976 年、1984 年，內容主要由桌頭黃清水記錄，涵蓋信徒的資料與問事的內容、乩童的神諭指示等，根據統計其上記載的降駕神明與次數，也能說明主祀神明地位的轉變，統計的結果如表 2-3：

表 2-3　降駕神明一覽表

	大佛祖	二佛祖	三佛祖	五府王爺	中壇元帥	其他	未記錄
1968 年	1	141	176	13	8	1	2
1969 年	0	124	173	14	1	2	0
1973 年	0	158	101	1	0	0	4
1974 年	0	198	51	1	0	0	4
1976 年	0	234	25	1	0	0	10
1984 年	0	120	26	1	0	1	10
合計	1	975	552	31	9	4	30

資料來源：黃清水、黃清海，《開壇紀錄簿》（1968、1969、1973、1974、1976、1984），未刊稿。

每當降乩儀式開始，由幾位小法擊鼓念咒後點香祈求神明降駕，乩童都會自言是哪位神明來附身，且每位神明的語調、動作也會有所不同。而由統計結果可以看出，這六年降壇問事的神明主要是「三佛祖」及「二佛祖」，少數是其他的神明，如五府王爺、中壇元帥等，尤其是在 1973 年之後，以五府王爺之名辦事的次數全年皆只有一次。

另外「其他」類別的降駕神明則有東嶽大帝、知縣城隍爺、閻羅天子等，幾次附乩身辦事，協助處理、釐清關於陰界之事。

　　觀察降駕的神明與次數，可印證前述主祀神明地位轉變的現象，殿裡觀音佛祖的地位，其靈驗性與靈力生產明顯出現「佛祖」與「王爺」的交替現象。靈力屬性交替不停凸顯開王殿近百年主祀神的變遷，同時也隱含靈力才是廟宇和信眾連結的主要力量。

第三章　靈力的歷史與記憶

李亦園在《宗教與神話論集》中提到：

> 人類的宗教領域中，經常包括兩個重要的範疇，一方面
> 是對超自然存在以至於宇宙存在的信念假設部份，那就是信
> 仰；另一方面則是表達甚而實踐這些信念的行動，那就是儀
> 式。儀式是用以表達、實踐，以至於肯定信仰的行動，但是
> 信仰又反過來加強儀式，使行動更富意義，所以信仰與儀式
> 是宗教的一事兩面的表現。[1]

儀式又可分為兩類，一類強調與人的溝通，稱為「世俗的儀式」，
另一類則是與神的溝通，稱為「神聖的儀式」。[2] 信徒透過個人或群體
的宗教儀式，拉近人與人之間的距離，促進社會的和諧，也能傳達對
神明的祈求，另一方面，也透過神明降乩與祭典儀式的舉行，匯集廟
宇的人氣以生產神明靈力。

強調靈驗性是民間信仰基本的特徵之一。[3] 此一靈驗性常表現在
神明的神蹟之中，每當信徒們談到開王殿的靈驗與神蹟，總是能滔
滔不絕說上半天。開王殿從草創時期起歷經三個階段，首先是 1929
年之前主神是供奉澎湖移民自家鄉所帶來的觀音香火及祭祀「紙糊金
身」，1929 年才迎請南鯤鯓代天府的五府千歲來供奉，戰後主神再次
轉變，即信徒常言的「佛祖復興」。其主神「佛祖」與「王爺」的轉變

1　李亦園，《宗教與神話論集》（臺北市：立緒文化事業有限公司，1998），
　　頁 51。

2　李亦園，《宗教與神話論集》，頁 52。

3　瞿海源，《臺灣宗教變遷的社會與政治分析》，頁 143。

現象意謂靈力性質的轉變，這轉變也代表一種歷史的變遷。對今日的信眾而言，靈力既是歷史，也是記憶。究竟，在變遷過程中，信徒留下什麼深刻的記憶？本章透過殿方典藏的《開壇紀錄簿》與老照片，再搭配訪談資料，從中統計、分析開王殿興盛時期的靈力歷史與記憶。

第一節　匯集人氣的廟會祭儀活動

廟宇是傳統信仰的核心所在，除了廟宇本身靜態的祭祀對象、祭祀空間、宗教信仰文物之外，以廟宇為中心所發展出的動態活動、慶典及習俗等，更是臺灣傳統宗教信仰文化中的重要成分。[4] 開王殿傳統的廟會祭儀活動，主要是為配合歲時節慶與神明聖誕之祭祀活動，如中元節的普度、上元節的「乞龜」習俗，還有每年的重頭熱鬧大戲，即在觀音三佛祖的聖誕日期間所舉辦的「祈安建醮」，此外還曾經二度到北門南鯤鯓代天府「進香」。

一、歲時祭儀

開王殿信徒平日的祭祀活動和一般臺灣的廟宇並無太大差異性，普遍按照對舊曆時間的認知及以神明聖誕為核心所形成的歲時祭祀。如同家戶有例行性祭祀，殿裡早晚有敬茶人員負責祭祀活動。戰後初期，每日敬茶的工作主要由人稱首叔或首仔的五王乩童黃媽首擔任，他往生後由信徒口中的「廟婆」楊鄭哖承擔，廟婆與兒子約於 1958 年搬至廟旁居住，兒子在磚窯廠工作負責開電車，每日運送燒磚的原

4　謝宗榮，《臺灣傳統宗教文化》（臺中市：晨星出版社，2003），頁 182。

料，母子兩人住的房子也是停放電車之處。讓信徒非常敬重的廟婆約 1995 年 90 歲時才搬離中都。[5]

　　然而，開王殿帶有澎湖廟的色彩，有別於一般廟宇每月初一、十五祭祀神明，殿方只於十五日舉行犒軍祭祀，若該月逢殿中神明壽誕，則犒軍祭祀改與神明聖誕慶讚活動共同舉辦。開王殿設有外五營的「中營」，當日除信徒備牲禮、飯菜祭祀，殿方還會聘請二、三位小法舉行犒軍祭祀儀式，由小法唱咒語、敲奉旨、動金鼓，手執五營令旗，調來神明的「五營兵將」，以犒勞五營神軍。如今，雖無小法儀式，但是極具澎湖特色、代表主神的近衛神軍「三十六官將首」仍安置於殿內神桌兩側，「三十六官將首」是由 36 個官將頭，

相 3-1　右側的三十六官將首
資料來源：莊文韋拍攝（2015 年 6 月 14 日）。

相 3-2　左側的三十六官將首
資料來源：莊文韋拍攝（2015 年 6 月 14 日）。

5　報導人楊俊榮，母親為廟婆楊鄭呀，1934 年生，訪談日期：2014 年 7 月 11 日。

下接一根細條狀針棒，棒上綁有紅布，每尊造型表情不一，各具特色，有的面目怪異，有的帶頭冠、紮頭飾，有的面容慈眉，有的怒目，給人一種震懾恐懼之感，如今上面的金漆幾乎脫落，留下斑駁的歲月痕跡（相 3-1、3-2）。

前述提及草創於工寮及後來遷建開王殿的過程，董事黃龍墜最具貢獻，其長子黃清水、三子黃清海及五子黃清雲也都是廟裡的主事者，例如臺灣人重視的初九天公生、天官賜福的上元節以及中元普度等祭典幾乎都是由黃氏父子籌備張羅。據小時候住在殿旁的張淑華表示，最早初九天公生信徒都是在家裡祭祀，也有至天公廟祭祀，後來逐漸改至開王殿進行，當時拜到隔日 2、3 點的記憶至今仍印象猶深。她轉述黃清海說：「來這裡拜當然可以呀！廟是公廟，是眾人的、最好的當然可以。佛祖比誰都還大。」[6] 張淑華的說法也透露些許以前黃家經營開王殿的權威性。

相對於測量天體和物質定律的「物理時間」，滲透於社會生活的「社會時間」更能解釋人們參與歲時祭儀的社會意義。從社會、文化的面向來看，社會時間具「社會分層」的意義，人們除了遵循著國家的時間表，同時也執行日常工作的時間規定，當人們脫離了時間的分層安排，就會被社會視為非正常、不合群甚至道德淪落。[7] 傳統歲時節俗亦可視為一種時間的「分層」體系，人會在此時間分層下被動員參與各項祭儀活動，值得深思的是，社會時間的分層甚或動員，其實

6　報導人張淑華，為主委張鶴鐘的三姊，1954 年生，訪談日期：2015 年 4 月 22 日，未刊稿。

7　John Hassard 編，朱紅文、李捷譯，《時間社會學》（中國：北京師範大學出版社，2009），頁 82-84。

也是凝聚共識，感知地方的能量。信眾在開王殿舉行天公生的轉變或許可如此解釋。

　　除了初九天公生之外，信徒也重視春節習俗。傳統春節的最後一天正月十五日，有「小過年」之稱的上元節，是天官賜福的日子，俗稱元宵節，開王殿會在這一天舉行乞龜儀式（見相3-3、3-4）。乞龜原本為了求子，是澎湖傳統的過年習俗。[8]

相 3-3　供桌上陳列的平安龜
資料來源：莊文韋拍攝（2014 年
　　　　　2 月 14 日）。

相 3-4　信徒乞龜
資料來源：莊文韋拍攝（2014 年
　　　　　2 月 14 日）。

8　李文環、林怡君，《圖解台灣民俗》（臺中市：好讀出版有限公司，2012），頁 29。

　　吉祥龜在傳統中國文化是「四靈獸」之一，也是長壽的象徵。當天晚上信徒擲筊若得到聖筊，表示神明允許，就可以把乞得的平安龜帶回家，來年再加倍歸還紅包給廟方。吃了平安龜代表的是吃進幸福平安，極具臺灣民間信仰特色。據阿殿伯回憶，以前殿裡放的龜數量很多，有體型碩大的龜王，甚至還有金龜，其他不同造型的有鳳片龜、米糕龜、蕃薯龜、麵粉龜等等，尤其是殿裡辦理定期的乩童問事後，來參加乞龜的信徒常常是大排長龍，殿裡收到的費用也十分驚人。[9]至今開王殿仍保留此特色民俗活動，這幾年筆者的觀察，殿方準備的龜背上還會書寫「闔家平安龜」或「福如東海龜」等吉祥字樣，也多了一些信徒捐奉的酒品、葫蘆藝術品等不同於以往的物品。除了米、麵製龜之外，有些信徒會乞發財金，紅包袋內裝有百元至千元不等的現金，可看出近代因社會富裕，傳統的米、麵製龜慢慢改變，或以其他材料取代，也代表著民間習俗的轉變。

　　另外，殿方每年在農曆七月廿四日都會舉辦中元普度法會，固定於廿四日而非十五日中元節，其原因為廿四日為黃府四千歲誕辰。時間選定的特殊性如同每月的犒軍祭祀，其意義在於集中一日辦理，不僅能避免太頻繁地舉辦祭祀儀式，勞力傷財，更能擴大舉辦，以傳統歲時節俗視為一種社會時間的「分層」概念來看，有其意義且是頗聰明的做法。

　　據阿殿伯回憶，早年黃龍墜當董事時，有次還請來五位道士誦唸超渡經文，宛如作醮，但之後就沒有再安排道士，單純由信徒們在殿裡擺放豐盛的祭品，焚香燒紙，祭拜孤魂野鬼。每年參加的信徒眾

9　報導人黃佛擇，訪談日期：2014 年 12 月 10 日，未刊稿。

多，熱鬧異常（見相 3-5、3-6）。[10] 而近幾年殿方辦理的中元普度法
會，是由管委會向參加普度的信眾收取香油金，並準備傳統的牲禮，
統一購買祭品，找來道士誦經。宗教儀式的作用，能讓一群平日忙於
追求物質生活需要的人們，集合起來舉行儀式，除了拉近彼此間的關
係，使個人之間更親近，更重要的是，利用儀式集中思想至共同的信
仰、傳統上，藉由神聖的儀式行為忘卻日常世俗之事，以獲得生活的
能量。[11]

相 3-5　普度（一）
資料來源：黃世民提供。

相 3-6　普度（二）
資料來源：黃世民提供。

10　報導人黃佛擇，訪談日期：2014 年 12 月 10 日，未刊稿。

11　E. Durkheim 著，芮傳明、趙學元譯，《宗教生活的基本形式》（臺北市：桂
　　冠出版社，1992），頁 389-390。

表 3-1　開王殿神明誕辰表

神明誕辰	日期（農曆）
李府大千歲	正月十九日
觀音大佛祖	二月廿三日
觀音二佛祖	四月二日
范府五千歲	四月廿七日
蘇府二千歲	五月五日
吳府三千歲	六月十二日[12]
觀音三佛祖	六月十五日
黃府四千歲	七月廿四日
中壇元帥	九月九日

資料來源：開王殿告示。

　　神明生的慶讚活動更是信徒極重視的祭儀活動。在 1950、1960
年代，只要是殿裡的神明誕辰（見表 3-1），都會辦活動，甚至請歌仔
戲團演出酬神，後來因為缺少經費才停辦。另外，一般廟宇慶祝觀音
佛祖聖誕的日子為農曆二月十九日，開王殿為主神觀音三佛祖祝壽的
日子則是觀音佛祖的得道日六月十九日，信徒將得道日視為三佛祖的
誕生日。然而，因有一些宮廟與開王殿選在同日辦慶祝活動，造成道
士與戲班人員搶手不好安排，常常請不到歌仔戲團演出酬神而衍生

12　信徒普遍認為吳府三千歲是 1920 年代迎請自南鯤鯓代天府，但是南鯤鯓代
　　天府的吳府千歲聖誕為農曆九月十五日。阿殿伯認為聖誕日期不同應與迎
　　神、安神日相關。

紛爭，所以乩身請示佛祖後改為六月十五日。[13] 每年祭儀時間從吳府三千歲誕辰六月十二日起，加上十三、十五日，殿方會豎燈篙，請道士以澎湖科儀舉行「三朝祈安清醮」，信徒通常簡稱為「做清醮」或「做福醮」。

　　三天祭典除了科儀外，還有犒軍、酬神普施的活動，信眾自備供品與殿方參與祭拜，晚間並有宴席、歌仔戲等娛樂活動，長達三天的法事除為地方祈福，也慶祝三佛祖佛誕及答謝天公與列位正神，為開王殿年度最盛大熱鬧的廟會祭儀活動（見相3-7）。澎湖廟宇例於建廟落成大典或隆重為主神辦理祝壽大典時，舉行「建醮」並「祀筵」。[14] 因開王殿的創建者為澎湖移民，大多數信徒亦是，所以每年於主神

相 3-7　觀音三佛祖佛誕
資料來源：黃世民提供。

13　報導人黃佛擇，訪談日期：2014 年 12 月 10 日，未刊稿。

14　黃有興，〈高雄市「澎湖廟」初探〉，頁 71。

觀音三佛祖佛誕時延聘澎湖籍的道士舉辦建醮，採用澎湖的科儀，使得開王殿仍保有澎湖廟的特色（見相3-8、3-9）。

相 3-8　負責建醮祭儀的道士
資料來源：黃世民提供。

　　誠如第二章考證，信徒約於1929年迎請南鯤鯓代天府的吳府三千歲來供奉，也是開王殿中信徒最早膜拜的金身，儘管歷經第三階段「佛祖復興」，主祀神再次轉變，但是以殿方特別將主神三佛祖的祝壽祭典時間挪至六月十五日，使盛大舉行的三天「祈安清醮」從吳府三千歲的誕辰日開始，這當中隱含著信徒心中仍存在兩位主神，亦即觀音佛祖與五府王爺，所以將具最具代表性的、成就開王殿廟名的三千歲和主神三佛祖誕辰連結在一起。原來，「神諭」的神明聖誕日期調整，蘊藏一段不足為外人道的歷史記憶。

相 3-9　楊石饌道士
資料來源：黃世民提供。

　　自從 2011 年開王殿成立管理委員會後，因為委員們認為連續三天辦理法會祭典較為方便，經擲筊請示神明時間，改為十三至十五連續三日，如此盛大舉行祭典持續至今。阿殿伯說：「道士有說儀式三天連續辦比較方便，時間是可以『喬』的，只要神明說好就好，不行祂會跟我們說。」[15] 這種做法既是傳統的延續，也是歷史記憶的再現。

　　歷史傳承或再現，是在群體共識下產生。Mike Crang 指出在特定的地方會有特殊行為不斷重複，地方會成為人群與社區之間長期共同經驗的支柱。而這些空間的過去與未來，連結了空間內的人群，其生活聯繫也凝聚了人群與地方，讓人能夠界定自我，與他人分享經驗，並組成社群。[16] 這些在開王殿裡定期性為信徒們舉行的歲時祭儀與慶祝佛壽、平安祈福的建醮祭典，已經凝聚了他們對信仰、地方的認同感，並形成共同的歷史記憶。

二、進香遊境

　　「進香」是指在主神聖誕之前，分靈廟回到祖廟（元廟）向主神祝壽，藉以重新增加靈力的活動過程。這其中也包括了個人對神明的「刈香」，即信眾隨著地方神明，對祖廟的神明乞求香火來祭拜，以獲得神明靈力與庇佑的行為，對信眾而言是一種「朝聖」的行為。[17] 這是信眾的社會動員，也是神明的靈力加持。

　　儘管開王殿不是南鯤鯓代天府的分靈廟，信徒們當年仍然決定依照神明的指示，回到南鯤鯓代天府「進香」。嚴格而言，因為兩者無

15　報導人黃佛擇，訪談日期：2014 年 12 月 10 日，未刊稿。

16　Mike Crang 著，王志弘、余佳玲、方淑惠譯，《文化地理學》，頁 137。

17　謝宗榮，《臺灣傳統宗教文化》，頁 191-192。

祖廟與子廟的關係，算是跨境到歷史更悠久的觀光大廟南鯤鯓代天府「刈香」，但是刈香的時間、次數卻眾所紛紜。黃有興的訪談顯示從1971 年起曾刈香三次。[18] 報導人黃榮輝則有不同說法，他表示：

> 民國 44 年（1955）製作了頂神轎回到南鯤鯓，之後每年都回去直到到民國 56 年（1967）。民國 46 年再製作另一頂五府千歲的神轎，一開始都是擠一頂一起回去。[19]

不過按照阿殿伯的記憶，一共是回去刈香兩次，且兩次活動他都有隨團參加。時間一次是在 1959 年，隔了四年在 1963 年又再去一次，此後就沒有再回去刈香的紀錄。對於交通方式與參與刈香的人數，阿殿伯這麼說：

> 兩次都是坐車去，總共兩臺「拖拉庫」加一臺遊覽車。扛轎就四、五十人，全部可能一百多人。以前扛轎的漢草都很好，都是做粗工的，在磚窯廠挑磚頭的，但是有的不是這裡人，是來這裡讓佛祖問事，把病治好的人。[20]

雖然刈香的時間、次數說法不一，但是共通點都提到兩頂神轎，一頂為五王神轎，另一頂為觀音佛祖神轎，而且有兩位乩童跟著神轎回去，一位是黃龍墜的五子黃清雲，他是時年 20 多歲的佛祖乩童，另一位則是年老的五王乩童黃媽首。當時開王殿已經是因為有佛祖乩

18　黃有興，〈高雄市「澎湖廟」初探〉，頁 63-64。

19　報導人黃榮輝，訪談日期：2014 年 8 月 2 日，未刊稿。

20　報導人黃佛擇，訪談日期：2014 年 12 月 10 日，未刊稿。

童問事而小有名氣的廟宇，平日晚上前來請求神明指點迷津的人常是大排長龍，也因此凝聚不少信徒，有的甚至遠道而來，從刈香的人數和來源即可略知一二。而刈香活動也因為有兩位乩童的隨行參與，即使時隔約六十年，還是讓信徒留下深刻印象且流傳於後代。

　　儘管當時信徒眾多，但大多為工人階級，收入並不優渥，不過仍然誠心奉獻，阿殿伯說：

　　　　這些經費大多靠佛祖「復興」收的錢，像我 26 歲（1959
　　　　年）待在合板公司，第一次回南鯤鯓刈香，當時我一個月賺
　　　　七百元，添油香就花四百元。[21]

甚至在阿殿伯 30 歲第二次參與刈香活動時，還遊說當時他任職的藥廠公司老闆贊助信徒衣服。特別的是，阿殿伯提到祭祀活動沒收過「丁口錢」，但在這兩次的刈香有向信徒按戶收取小額的「丁口錢」，[22] 可見刈香時的人力物力所費不貲，後來刈香活動之所以停辦主要是經濟上的考量。此外，筆者認為也與主祀神慢慢轉為觀音佛祖有關，約 1960 年代，年輕的乩童每日以「南海普陀山觀音佛祖」降壇之名替信徒們消災解厄、開藥去病，「佛祖」的靈力與神蹟開始從中都遠播各地，受到靈力庇佑的信徒們，此時何需再遠赴北門的王爺「祖廟」辛苦刈香呢？依阿殿伯的說法，他認為五王沒有刈香並不影響靈力，因為還有「靠山」也就是佛祖，而佛祖要過爐得回到南海普陀山才行。普陀山是中國四大佛教名山之一，也是觀音菩薩的道場，開王殿也與很多臺灣民間廟

21　報導人黃佛擇，訪談日期：2014 年 12 月 10 日，未刊稿。
22　報導人黃佛擇，訪談日期：2018 年 9 月 3 日，未刊稿。

宇一樣，特別強調神明的神靈正統性（見相 3-10）。阿殿伯口中的「佛
祖復興」，隱含開王殿雙主祀神的靈力交替，亦是開王殿在地主體性及
影響力的充分展現。

相 3-10　大神轎上木牌
資料來源：陳淑媚提供。
說明：在已經損壞且遺失的兩頂開王殿神轎上，上面掛的牌子其中之一
　　　寫著「南海普陀寺觀世音菩薩」。

　　另外在老照片中有幾張是佛祖乩童黃清雲站立於眾人所扛的神轎上，手持乩童五寶中俗稱為紅柑的刺球（見相 3-11）。

　　阿殿伯表示，照片所攝為兩次刈香回來後的「神明遊境」。遊境又稱為「遶境」，為刈香返回轄境之後，神明對其轄境進行巡視，除了具有宣揚神威與驅除境內邪祟等功能外，也接受沿途信徒的膜拜，將神明的靈力分予信眾，並為信眾祈福。[23] 比較特別的是，當時除了中都境內，還遊境到「境外」，阿殿伯說：

相 3-11　遊境
資料來源：黃世民提供。

23　謝宗榮，《臺灣傳統宗教文化》，頁 196-197。

　　　　只有那兩年去南鯤鯓回來才會遊境。遊境是從火車站到
　　現在太子爺廟再繞回來，然後從中華路出來，到鹽埕埔聖帝
　　祖廟再回來遊境內，境內就是中都本庄這裡。[24]

　　神明「遊境」的範圍通常是信徒居住的範圍，即保四境平安之
意，不過似乎還是由神明（乩童）來決定。當時遊境的範圍已跨越地
廣人稀的「中都」，到達人口密集、商業繁榮的三塊厝「中街仔」，甚
至跨越愛河到達更熱鬧的鹽埕區，除了宣揚神威，也代表信徒居住地
有一定比例居住於「境外」，此部分留待下一節以《開壇紀錄簿》的記
載內容加以分析。當時祭儀和進香遊境是開王殿的兩大盛事，而祭
儀活動至今仍定期舉行，前者凝聚認同，後者可看到靈力的展現與轉
變。

第二節　靈力的施展

一、神明代言人──乩童

　　民間信仰的特徵，就是延續了從原始社會傳承下來的靈感文化，
保留著對泛靈的崇奉心理與崇拜行為，相信人可以透過各種神聖化的
儀式來達到與神明的相通、相交與相感，以便得到各種超自然力量對
生命存有的護持，本質上仍脫離不了人們直接與神明交通與感應的宗
教型態。[25] 乩童即是扮演神靈附體，傳達神諭的角色，是人與神明溝
通的橋梁。

24　報導人黃佛擇，訪談日期：2014 年 12 月 10 日，未刊稿。

25　鄭志明，《宗教神話與巫術儀式》（臺北市：大元書局，2006），頁 300。

「乩」是卜問的意思，在古時候大致做乩的都是年輕人，所以稱為童乩或乩童。一般相信神可以附在乩童身上並藉他的口來說話，所以又稱為跳神或神媒。替神說話的神媒並不是我國特有的宗教現象，而是很多文明或原始的宗教都常見的，若干基督教派有神媒的活動，在英文中稱為 spirit medium，或借用通古斯話稱為「薩滿」（shaman）。[26]

從清代一些志書、采訪冊可以得知，在臺灣從明末（17 世紀中葉）到 19 世紀末葉，臺人治病一直有用巫不用醫的情形。[27] 到日治時期政府的調查統計，1918 年全臺至少有 1,114 名乩童，雖然日本政府採取取締、壓抑的工作，但是人數並無減少，到了 1941 年，臺南一地的乩童就多達 578 人。乩童扮演神明與人類間的溝通角色，在臺灣人心中占了很重要的地位。[28] 戰後乩童的人數依然不減反增。1976 年，人類學家李亦園和他的學生、助理們經過一番調查工作之後，也說：

> 在臺灣的鄉間幾乎大部份的村廟都有童乩或扶乩存在，
> 即使在現代化教育至為普遍的臺北市，據估計仍有七百多座
> 神壇附有各種不同替神說話的人。[29]

26　李亦園，《信仰與與文化》（臺北市：巨流圖書，1978），頁 102-103。

27　林富士，〈醫者或病人──童乩在台灣社會中的角色與形象〉，《中央研究院歷史語言研究所集刊》，76（3）（2005），頁 518。

28　國分直一著，周全德譯，〈乩童的研究〉，原載《民俗台灣》1（臺北市：武陵出版社，1990），頁 90-91。

29　李亦園，《信仰與與文化》，頁 107。

　　誠如第二章所提及，開王殿草創時期，即有傳奇靈驗的五王乩童，往後數十年開王殿的神威顯赫、香火鼎盛，此與神明長期降乩辦事有絕對的關連性，也是信徒的共同歷史記憶。而這些神明救苦救難的事蹟，到現在仍讓他們感念在心。

　　據阿殿伯口述，要成為殿內乩童要受禁約四十九天，持齋閉關，期間只能吃粥、喝水，半途去如廁還得撐傘。一般信徒認為，乩童受禁後才更有神力方能請壇辦事。歷年來開王殿乩童共有四位，在草創時期，除了最早的五王乩童（軼名），開王殿還曾有兩位乩童，一位虎爺乩童名為葉清續，出生於 1917 年，其父親葉蓋為澎湖菜園人，1918 年同居寄留於三塊厝 965 番地黃命住處，為第一代澎湖移民。葉清續雖不接受問事，但會以看信徒的眼睛來斷言吉凶，且擅長畫符，還會替牛隻看病，在醫藥不發達的年代，身兼「獸醫」角色。阿殿伯如此敘述他：

> 　　他很會看信徒眼睛，把眼睛翻一翻，有沒有沖犯煞到，他都知道，我自己也讓他看過。但是他身體比較不好，有氣喘。甚至他還會看牛，看牛也是看眼睛。他都沒有在開藥，但是會開符仔。[30]

不過虎爺乩童鮮少讓神明採用，問事的重責大任主要是落在另一位乩童身上，即人稱首叔或首仔的五王乩童黃媽首。葉清續和黃媽首都住家在磚窯廠的工寮，兩家只間隔三四間而已。黃媽首亦為澎湖菜園人，1922 年與其父親黃寶從三塊厝 965 番地黃命住處搬離，獨立成戶，

30　報導人黃佛擇，訪談日期：2014 年 12 月 10 日，未刊稿。

戶籍上的職業登記為「煉瓦工場苦力」。黃媽首雖然不會畫符，但是會
幫人看病。戰後 1947 年信徒將開王殿遷建到現址後，兩位乩童仍然繼
續讓神明附身，但主要是以五王乩童黃媽首為主，他同時也在殿裡擔
任「敬茶」工作，但後因老邁，替信徒問事的重擔才漸漸轉移至年輕的
佛祖乩身黃清雲身上（見相 3-12）。

相 3-12　乩童黃清雲
資料來源：黃世民提供。

　　黃清雲出生於 1936 年，為黃龍墜的第五子，是信徒最熟悉的乩
童。他當時在磚窯廠負責採購工作，因為天資聰穎，眾人認為他辦事
「足」厲害，所以信徒常暱稱他為「清足仔」。說起父親過去擔任乩童
的往事，黃榮輝神情帶點驕傲，也提到早期佛祖降駕於父親時曾語多
批評乩童黃媽首，認為那段期間佛祖神靈因受難不在殿裡，所以佛祖
才在 1954 年採乩，讓當時 18 歲的父親「受禁」而成為乩童，開啟信
徒常言的「佛祖復興」時期，也是信徒最緬懷的一段靈力歷史。

在《開壇紀錄簿》上記載的乩童就是黃清雲，他每晚定時請壇「問事」，讓神明降乩解惑。俗稱「問事」是指神明以起乩的方式為民眾解決困惑。據殿方表示，能夠起乩辦事的宮廟，必須領有玉皇上帝的玉旨，並且法力高強，大公無私才能夠有能力為信眾解決疑難。

問事活動從日治時期創廟後即開始，而黃清雲大約從 1954 年就一直在廟裡替信徒服務，這段「佛祖復興」期間的傳奇故事是現今開王殿信徒的集體記憶，在《開壇紀錄簿》上也留下一筆筆清楚的紀錄。一直到 1989 年，乩童的太太因病過世，他自此不再宣達神意，四年後離世，加上兄長黃清海中風無法抓藥，殿裡的信徒自此慢慢減少，每晚廟裡信徒群聚觀看乩童問事的熱鬧情景已不復在。

日治時期的「攑手轎」儀式與傳奇的五王乩童，顯見與臺南北門王爺信仰的關連性較大；而戰後信徒所稱的「佛祖復興」，是在小法與乩童配合問事儀式下施展開來。

二、靈力施展的形式與範圍

問事儀式一開始是由幾位「小法」念咒，並點香祈求神明降駕。因開王殿的創建者為澎湖移民，大多數信徒亦是，使得開王殿仍保有澎湖廟的特色，殿裡的「小法」即是澎湖民間信仰中重要的儀式人員，殿方仍留存有一本當年的「小法咒簿」（見相 3-13）。

相 3-13　開王殿小法咒簿
資料來源：陳淑媚提供。

　　澎湖廟宇大都設有法師，以往，有些有名望的法師亦曾隨著移民來到高雄「澎湖廟」訓練「小法」，且以普庵祖師為教主的教派為主，稱為「普庵派」。除了擔任年中祭祀事宜，並與乩童配合辦理「濟世」。[31] 黃龍墜有兩位兒子受過三塊厝東安宮澎湖法師黃水鏡的訓練，一位是三子藥師黃清海，一位是二子黃清木。黃清海同時也利用晚間閒暇，在殿裡訓練約五位年紀不到 20 歲的「小法」，讓他們能協助乩童濟世，在降乩儀式時念咒擊鼓，恭請神靈降臨，附身於乩童。[32]

　　乩童一開始會自言是哪位神明來附身，而信徒提供自己的生辰八字並燒香向神明請示，桌頭黃清水會先對乩童說明信徒姓名、居住地點等基本資料，若是因病祈求藥方，乩童會敘說病因且說明需服用的漢藥，再由黃清水將這些資訊記錄下，並將開立的藥單提供給在廟旁小房間的弟弟藥師黃清海。他是黃龍墜先生的三子，在中都知名的中藥鋪老闆顏奇三教導下，順利取得中藥商的合法執照，[33] 專門負責包藥，設有藥櫃。完成後藥單會再交還給紀錄黃清水，因為相當多信徒數日後會再回來，乩童會以此為依據來判斷是否要再加藥或換藥。

　　據阿殿伯的說法，問事時是由乩童發問且說明診斷，並問信徒對不對？有準嗎？信徒必須安靜聽，若對才派藥方，他強調神明問事正確性極高，靈驗無比。[34] 由此可以感受信徒對神明的信任與乩童地位的敬意。

31　黃有興，〈高雄市「澎湖廟」初探〉，頁 67-68。

32　報導人黃佛擇，訪談日期：2015 年 7 月 4 日，未刊稿。

33　報導人顏奇三，1933 年生，訪談日期：2014 年 8 月 4 日，未刊稿。

34　報導人黃佛擇，訪談日期：2014 年 6 月 7 日，未刊稿。

　　一座香火興旺的廟宇，信徒所奉祀的神明一定是具有「靈力」，即能讓人們有求必應，能夠有所「感應」；以及神明擁有能處理事情的權限與力量，亦即「權威」。[35] 開王殿的神明透過降乩問事就是一種靈力的展現，藉由乩童的收驚、「改劫」[36] 等宗教儀式，與開立藥方或施以令符，讓信徒直接感受到靈驗與護佑。迄今。這一段「神明濟世」，也是信徒們重要的共同記憶，主要由黃清水在《開壇紀錄簿》上留下一筆筆詳細的記載，當時他白天擔任三民區區公所的公務員，晚上全程參與問事過程，並以相當工整的字體記錄下信徒的問題與神明的指示。《開壇紀錄簿》當中記載這些問事內容，可視為一種「靈力文本」。

　　可惜早年因為殿方人員不夠重視，沒有善加保存，導致多本紀錄簿被白蟻侵蝕毀壞，已遭燒毀棄置，目前僅剩餘六本，年分分別為1968 年、1969 年、1973 年、1974 年、1976 年、1984 年，僅存的六本紀錄簿因涵蓋 1960-1980 年代，雖不完整卻還是能夠呈現早年興盛的濟世活動。

　　相 3-14 和 3-15 是紀錄簿樣貌，記錄者在每一本紀錄簿的封面皆寫下民國與農曆的年分，例如 1969 年是記載為民國 58 年己酉年，但是六本的內容時間登載，則皆是以農曆一月為起始，結束於十二月底，如 1968 年是從農曆一月四日開始，於農曆十二月廿九日結束，

35　陳緯華，〈靈力經濟——一個分析民間信仰活動的新視角〉，《台灣社會研究季刊》，69（2008），頁 70-71。

36　俗稱「改運」或「祭解」，即乩童使用令符搭配紅蛋、米糕飯等物，祈求諸神讓信徒消災解厄之術。開王殿信徒習慣於農曆一月十五、八月十五進行「改劫」。

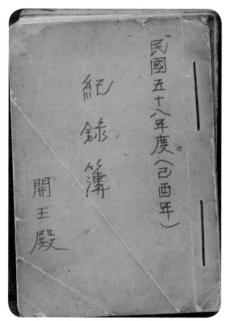
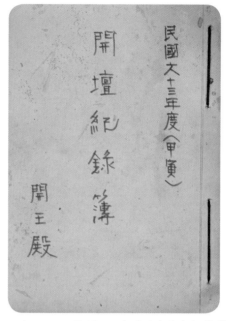

相 3-14　民國 58 年（己酉年）紀錄簿　　相 3-15　民國 63 年（甲寅年）紀錄簿
資料來源：莊文韋拍攝。　　　　　　　　資料來源：莊文韋拍攝。

記載內容勢必會跨越到陽曆的 1969 年。不過筆者為方便統計說明，
全文皆以西元年分來討論。

（一）開壇天數及問事人次

　　乩童開壇有其他傳統習俗，如初一、十五休息，因為這兩天是光
明的拜佛日子，不要跳神；有的是農曆七月為乩童問事的淡季，因為
人們不喜來沾上鬼氣。[37] 但是開王殿的乩童特定不開壇的時間，就只
有農曆新年期間，以及農曆六月十五日為期三日的三佛祖聖誕時。

37　張珣，《疾病與文化：台灣民間醫療人類學研究論集》（臺北市：稻鄉出版
　　社，1989），頁 82。

　　若以請壇時間而言，根據 1968 年、1969 年、1973 年、1974 年四本的紀錄，清楚記載乩童晚上固定在 9 時左右開始請壇問事，讓神明降乩解惑，唯獨在星期日是下午 4 時左右。不過至 1976 年以後，星期日的開壇時間已改成與平日相同，約為晚上 9 時開始，到 1984 年間，星期日不開壇，只有在星期一、三、五的晚上才有神明降乩。由開壇的時間和週期可略窺開王殿於 1976 年後逐漸走下坡，至 1984 年快速滑落。茲將這六年開壇的天數統計如表 3-2：

表 3-2　開壇天數及問事人次一覽表

年分	1968 年	1969 年	1973 年	1974 年	1976 年	1984 年	合計
月數	13	12	12	13	13	13	76
天數	324	307	263	254	279	155	1,582
平均每月開壇天數	24.9	25.6	21.9	19.5	21.5	11.9	20.8
人數	4,433	4,304	2,865	2,338	2,364	2,205	18,509
平均每日人數	13.7	14.0	10.9	9.2	8.5	14.2	11.7

資料來源：黃清水、黃清海，《開壇紀錄簿》（1968、1969、1973、1974、1976、1984），未刊稿。
說明：月數有 13 個月代表該年度有閏月。

　　由上表可知，這六年因為 1984 年只在一、三、五晚上開壇，所以全年開壇天數銳減只剩下 155 天，但是其餘五年幾乎每月開壇天數超過 20 日，顯示問事活動的頻繁。

　　李亦園曾長期觀察三位替人治病解難的乩童，發現前來請求問事的人很多，他提到在中部的一位乩童，在 1971 年 11 月的一個月中共有 220 位病人向他「求診」。[38] 若以開王殿這六年前來問事的人數來看，絲毫不遑多讓，六年的每月平均人數是驚人的 243 人，在 1968、1969 這兩年更是皆整年突破四千人。藥師的女兒黃麗禾回憶當時的情景說到：

　　　　之前真的很多人，尤其是星期六日都是辦中午的，常常辦到很晚，尤其是有辦因果的，晚上都會辦到特別晚。[39]

　　可以想見早年開王殿晚上燈火通明，前來請求上天明示的信眾絡繹不絕的盛況，大概從 1973 年後，每年問事的人數才減少至二千多人。值得注意的是，1984 年間，因乩童另從事木工工作，只在一、三、五開壇，問事天數銳減為 155 天，整年度問事的人數一樣維持在二千多人，可見問事的信徒並沒有因此減少。另外，問事者人數眾多，某種程度也代表管理者的積極經營，以及滿足信徒對神明靈力的持續需求與不斷檢驗。在 1969 年農曆十月十九日紀錄簿上記載，藥師黃清海也參與問事活動，乩童回應他：「每年有休日無休月，身體欠安，命星有關」。顯示藥師因為長期無休的辛勞，已經導致身體不適，但卻又難違天命。

38　李亦園，《宗教與神話論集》，頁 192。

39　報導人黃麗禾，父親為開王殿藥師黃清海，1958 年生，訪談日期：2014 年 8 月 4 日，未刊稿。

(二)問事者居住地

紀錄簿上除了記載問事信徒及其戶長姓名外,有些更會註明其居住地址,根據其記載敘述資料,分類統計問事者居住地如表 3-3:

表 3-3　問事者居住地一覽表

	未記載		本境、殿旁		高雄市		外縣市	
	人數	比率%	人數	比率%	人數	比率%	人數	比率%
1968 年	2,072	46.7	492	11.1	1,616	36.5	253	5.7
1969 年	2,377	55.2	353	8.2	1,401	32.6	173	4.0
1973 年	2,308	80.6	43	1.5	407	14.2	107	3.7
1974 年	1,838	78.6	49	2.1	390	16.7	61	2.6
1976 年	1,303	55.1	213	9.0	716	30.3	132	5.6
1984 年	1,877	85.1	34	1.5	210	9.5	84	3.8
合計	11,775	63.6	1,184	6.4	4,740	25.6	810	4.4

資料來源:黃清水、黃清海,《開壇紀錄簿》(1968、1969、1973、1974、
　　　　1976、1984),未刊稿。
說明:高雄市範圍依據該年度的行政劃分,唯 1979 年原高雄縣小港鄉劃入高
　　　雄市。

阿殿伯表示俗稱「本境」的範圍約是現在的川東里,主要區域是磚窯廠北側的工寮聚落與南側的牛寮。另外由上表可知,這六年未記錄問事者居住地的比例相當高,平均超過六成,判斷可能是因記錄者認識問事者,以及問事者前來的次數頻繁,所以簡記之。因為筆者

依照其姓名判斷，不少是殿方的董事、爐主、頭家、鄉老等，雖然不一定是居住於「本境」，但是與本殿的關係深厚，且其來問事的頻率相當高。也因此，問事者居住地記錄為「本境」與「本殿邊」或「本殿後」的比例是偏低的，六年的平均竟然不到一成，原因就在於記錄者簡記，未記錄下地址有關，事實上，「本境、殿旁」占的比例應該是相當高的。

不過，筆者發現主要記錄者，即桌頭黃清水記錄的居住地省略比例較高，另一位記錄者即其胞弟藥師黃清海比較詳細，有必要特別獨立出來作一參考比較。在 1976 年 1 至 4 月是由黃清海所記錄，幾乎記載了每位問事者的居住地，茲將這四個月的問事者居住地統計如表3-4：

表 3-4　1976 年 1 至 4 月問事者居住地一覽表

	未記錄		本境、殿旁		高雄市		外縣市	
	人數	比率%	人數	比率%	人數	比率%	人數	比率%
1 月	4	2.2	56	31.1	95	52.8	25	13.9
2 月	4	2.6	38	25.0	104	68.4	6	3.9
3 月	0	0.0	50	28.9	109	63.0	14	8.1
4 月	2	2.0	20	20.2	68	68.7	9	9.1
合計	**10**	**1.7**	**164**	**27.2**	**376**	**62.3**	**54**	**8.9**

資料來源：黃清水、黃清海，《開壇紀錄簿》（1976），未刊稿。

　　由上表可知，雖然只有短短四個月的紀錄，但是因為問事者604
人中只有10人未記錄其居住地，所以更能瞭解問事者的來源，發現
「本境、殿旁」的比例接近三成，高雄市的比例約有六成，皆大幅提
高。

　　在1968年閏七月四日紀錄簿上還記載著，居住於三民區豐裕里
的高雄聞人蕭佛助[40]之子蕭泰山，因發燒前來祈求藥方，且於該月六
日再度前來。足見當時開王殿因有神明濟世，其傳奇名聲已藉由口碑
傳播，成功跨越地緣的限制。在1968年紀錄簿上還記載著疑似日人
的名字鍵村義昭，曾於該年七、八、十一月五度來到開王殿，1976
年的五月十日也有名為濱田隆嗣的問事者前來。藥師黃清海的兒子黃
禎順回憶說：

> 　　開王殿一開始比較屬於是磚窯工在拜的廟，因為很靈
> 驗，磚窯工也會有親戚朋友，大家就這樣口耳相傳，之後就
> 開始有外地的信徒來這邊拜拜問事，包括那時候還有住日
> 本、住美國的也會特地來這邊問事。[41]

　　整體而言，居住在高雄市的問事者比例仍是最高，且以周邊地區
三民區、中都當地的信徒居多，其餘的問事者居住範圍遍布11個轄
區（若包含1979年增加的小港區），北從楠梓區、南至小港區，甚至

40　紀錄簿上會註明問事者居住地之戶長，如蕭泰山的居住地註明戶長為蕭佛
　　助。於2013年拆除的大舞台戲院，以及中都戲院與中都地區不少的販厝
　　建築皆出自於蕭佛助之手。

41　轉引自周東森，〈中都唐榮磚窯廠的生態博物館建構——開王殿原址保存運
　　動〉，頁80。

連旗津區都有人前來開王殿請求問事的紀錄。另外來自外縣市的問事者雖然比例不高，但是範圍不僅是鄰近的高雄縣地區，當中慕名而來的不乏來自中北部縣市，甚至離島澎湖地區。可見約在 1960 至 1980 年代期間，開王殿因有宣達神意的乩身，在固定的時間開壇幫信徒們指點迷津、消災解厄，因而遠近馳名、名聲遠播，信徒已從中都磚窯廠工寮聚落擴展到各地。

（三）祭祀組織

研究臺灣民間信仰的學者通常會討論廟的「祭祀範圍」，稱之為「祭祀圈」，即指一個以主祭神為中心，共同舉行祭祀的居民所屬的地域單位。[42] 上述前來問事的信徒是否會參與共同的祭祀活動，我們很難求證，故無法以其居住地「本境」來表示「祭祀圈」。且「開壇問事」是屬於個體性的宗教活動，不若上一節提到的歲時祭儀與慶祝神誕等群體性的公廟祭祀。所以，討論開王殿的祭祀圈範圍，得先從祭祀組織來探討。

從老照片（見相 3-16、3-17）與《開壇紀錄簿》記載可知開王殿的祭祀組織為每年元宵節乞龜活動後改選的「頭家、爐主」，任期一年。早年經常擔任頭家的阿殿伯表示，通常做生意的、有錢的信徒比較有機會當爐主，想改運的人往往會當頭家。一旦被佛祖選中，頭家可以恭請令牌，爐主恭請香爐回家供奉。不過約於 1980 年代，就沒有頭家、爐主的祭祀組織了。[43] 目前殿裡仍保存眾多令牌。

---

42 林美容，〈由祭祀圈來看草屯鎮的地方組織〉，《中央研究院民族研究所集刊》，62（1987），頁 53。

43 報導人黃佛擇，訪談日期：2015 年 4 月 25 日，未刊稿。

相3-16　第三十六屆爐主頭家合影（1966年）

資料來源：黃禎順提供。

說明：前排坐者右三為黃龍墜，站者右一為其三子黃清海，站者左一
　　　　為其五子黃清雲。

相3-17　第三十七屆爐主頭家合影
　　　　　　　（1967年）

資料來源：張淑梅提供。

說明：前排坐中間者為董事長黃龍墜。

　　「頭家、爐主」是代表居民祭祀神明，為義務性、社區性的共同祭祀組織，負責推動廟宇各種例行性祭典活動，亦為祭祀圈明顯指標之一。[44] 茲將紀錄簿記載的四屆頭家、爐主居住地統計如表 3-5：

表 3-5　頭家爐主居住地一覽表

	無法確定		本境、殿旁		三民區		高雄市（非三民區）	
	人數	比率%	人數	比率%	人數	比率%	人數	比率%
1968 年	3	27.3	4	36.4	2	18.2	2	18.2
1969 年	3	25.0	4	33.3	0	0	5	41.7
1973 年	2	28.6	1	14.3	1	14.3	3	42.9
1974 年	1	12.5	1	12.5	3	37.5	3	37.5

資料來源：黃清水、黃清海，《開壇紀錄簿》（1968、1969、1973、1974），未刊稿。

說明：1. 頭家爐主的居住地大部分由阿殿伯、張淑梅口述。
　　　2. 1968 年頭家爐主名單包含副董事與正副總理三位。
　　　3. 1976、1984 紀錄簿無記載頭家、爐主名單。

　　由上表可知，開王殿的頭家爐主並非都居住在「本境」，代表各方信徒都能參與角逐，在 1973、1974 兩年的頭家、爐主名單上，除了無法確定住處的三人外，兩年都只有阿殿伯是住在「本境」。加上前節所述，歷年來只有兩次至南鯤鯓刈香時有向信徒收取「丁口錢」，廟宇的日常開銷主要來自平日信徒捐獻的香油錢與乩童問事的收費，祭祀圈的指標不明確，故無法判定開王殿有祭祀圈。

44　林美容，〈由祭祀圈來看草屯鎮的地方組織〉，頁 62、63。

　　筆者認為，開王殿雖然有歲時祭儀與慶祝神誕、平安建醮等例行、群體性的共同祭祀，但廣為人知的還是其偏向功利性，未形成共同社會意識的「巫術信仰」。由前述中都發展歷史脈絡而言，中都區域無「地方公廟」存在，開王殿從磚窯廠的宿舍區發展而來，屬於工業聚落的信仰文化，是中都歷史上最早的廟宇，但是運作方式偏向黃姓家族管理的「私壇」，幾乎沒有和地方廟宇有互動關係，與一般傳統村落的「公廟」明顯不同。個體性宗教活動盛行是讓開王殿如此興盛之主因，也因此擴大其「祭祀範圍」，加上 1960 年代中都地區工業發達，住宅增建也促使流動人口增加，儘管聯外交通不便，信徒仍從中都磚窯廠工寮聚落擴展到各地，祭祀組織「頭家、爐主」的範圍也因此跨越了「本境」。

三、靈力需求

　　按照劉枝萬對於乩童濟世、神諭之私事內容分析，問事者以問病居多，其餘是運途、作事、求財、婚姻、六甲、功名、移居、出外、失物等，不一而足。[45] 張珣則以臺北市聖皇宮為例，指出該宮的乩童除了收驚，更聲稱可治任何病，還替人解決婚姻、命運、生意、升學、遷居、移神位等問題。[46] 另外在澎湖地區，信徒所問乩童的私事，大多是問病，還涉及命運、事業、婚姻、遷居、旅行、尋找遺失物、考試等。[47] 綜合上述研究，「民俗醫療」是乩童最主要的服務。那麼，究竟開王殿裡絡繹不絕且來自四面八方的信眾所為何來？

45　劉枝萬，〈臺灣之 Shamanism〉，《臺灣文獻》，54（2）（2003），頁 20。

46　張珣，《疾病與文化：台灣民間醫療人類學研究論集》，頁 85。

47　黃有興，《澎湖的民間信仰》（臺北市：臺原出版社，1992），頁 115。

　　因為文本資料橫跨 1960 至 1980 年代，且記載資料繁多，常見同一人問事的內容不只一項，內容也是包羅萬象。茲將上述六年紀錄簿的信徒問事內容加以細分，整理歸納為下列 17 種類別，並將各類別出現的次數及比率統計如表 3-6：

表 3-6　問事內容一覽表

求神原因	年分	1968	1969	1973	1974	1976	1984	合計
疾病	次數	3,257	3,065	2,188	1,803	1,609	1,764	13,686
疾病	比率%	70.9	69.0	74.9	73.0	65.5	78.6	71.6
收驚	次數	237	304	169	155	71	23	959
收驚	比率%	5.2	6.8	5.8	6.3	2.9	1.0	5.0
運勢	次數	345	380	184	165	251	112	1,437
運勢	比率%	7.5	8.6	6.3	6.7	10.2	5.0	7.5
改劫	次數	67	85	38	54	43	57	344
改劫	比率%	1.5	1.9	1.3	2.2	1.8	2.5	1.8
事業	次數	218	152	64	68	53	50	605
事業	比率%	4.7	3.4	2.2	2.8	2.2	2.2	3.2
風水	次數	96	120	60	52	50	34	412
風水	比率%	2.1	2.7	2.1	2.1	2.0	1.5	2.2
移居	次數	37	22	23	19	16	9	126
移居	比率%	0.8	0.5	0.8	0.8	0.7	0.4	0.7
婚姻感情	次數	63	38	22	19	29	22	193
婚姻感情	比率%	1.4	0.9	0.8	0.8	1.2	1.0	1.0

（續上頁）

求神原因\年分		1968	1969	1973	1974	1976	1984	合計
生育	次數	29	22	15	14	6	8	94
	比率%	0.6	0.5	0.5	0.6	0.2	0.4	0.5
和名	次數	18	18	8	9	8	4	65
	比率%	0.4	0.4	0.3	0.4	0.3	0.2	0.3
拜契	次數	12	14	9	7	3	1	46
	比率%	0.3	0.3	0.3	0.3	0.1	0.0	0.2
學業	次數	35	16	13	16	13	12	105
	比率%	0.8	0.4	0.4	0.6	0.5	0.5	0.1
吉凶	次數	20	23	25	13	10	12	103
	比率%	0.4	0.5	0.9	0.5	0.4	0.5	0.5
官司	次數	23	19	15	10	1	0	68
	比率%	0.5	0.4	0.5	0.4	0.0	0.0	0.4
尋人物	次數	18	14	13	17	32	28	122
	比率%	0.4	0.3	0.4	0.7	1.3	1.2	0.6
神明事	次數	30	36	13	19	19	12	129
	比率%	0.7	0.8	0.4	0.8	0.8	0.5	0.7
其他	次數	90	113	61	29	241	97	631
	比率%	2.0	2.5	2.1	1.2	9.8	4.3	3.3
合計次數		4,595	4,441	2,920	2,469	2,455	2,245	19,125

資料來源：黃清水、黃清海，《開壇紀錄簿》（1968、1969、1973、1974、
1976、1984），未刊稿。

各類別說明如下：

（一）疾病

由上表可知，高達七成的信徒是因為疾病而來，此與前人研究不謀而合，不僅如此，在紀錄上若記載確切的病症，大部分是中醫觀點常見的生理病症，如受感、腎火、血氣不順、脾胃、身虛、腎力不足、肝火上升、欠血、心臟無力、婦女引症、需安胎等。或是患者不舒服的症狀，如夜啼、大便不順、吐漲風、發燒、呼吸困難等。也有不少直接診斷患病名稱，如肝炎、大腸炎、中風症等（見相 3-18、3-19、3-20、3-21）。也常見到勞工的職業傷害與病痛，如勞迫、外傷等。

乩童診斷後通常會直接開立漢藥藥方或藥材，甚至有些還會搭配傳統食補，如燉豬心、高麗飲、仙楂冰糖等。乩童問事看來更像在「問診」，信徒與乩童的角色關係就像病人與醫生，乩童的診斷即是神諭，所以信徒相信乩童就像病人信任醫師的專業。另外，信徒馬上能從隔壁的藥師領到藥帖，乩童開立的藥單也如一般診所一樣會妥善留存，以利乩童下次開藥之參考。

筆者推測信徒前來「求診」的高比率，主因為中都地區長期以來被規劃成工業區域，聚落依附工業而發展，所以居民以勞工階級為主，且大多是從外地來的移民，經濟狀況普遍不佳，大多數居民生活非常困苦，來此求藥方經濟上的負擔相對較輕。加上磚窯業為勞力密集的工業，早年霍夫曼窯從取土、製作磚坯、風乾、打磚修飾到入窯的疊窯、燒窯，最後到出窯的搬運、販賣運送，都需要大量的勞動人

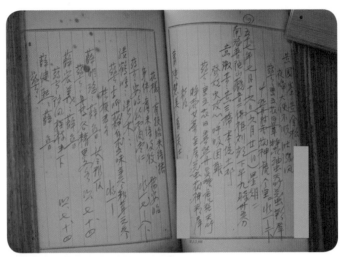

相 3-18　民國 57 年開壇紀錄簿（農曆六月廿一日）
資料來源：莊文韋拍攝。

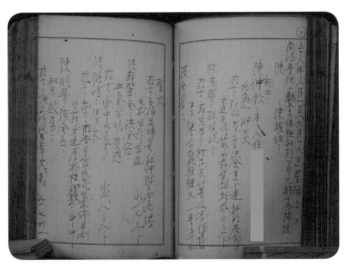

相 3-19　民國 58 年開壇紀錄簿（農曆六月十九日）
資料來源：莊文韋拍攝。

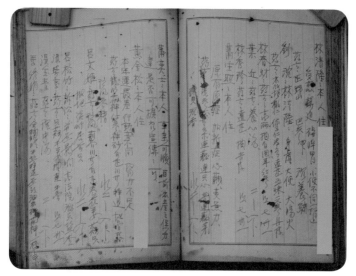

相 3-20　民國 62 年開壇紀錄簿（農曆七月四日）
資料來源：莊文韋拍攝。

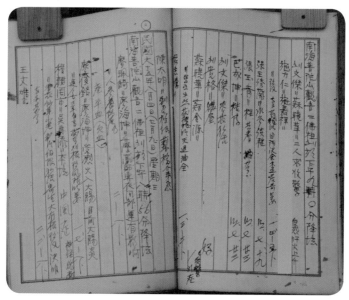

相 3-21　民國 65 年開壇紀錄簿（農曆七月九日）
資料來源：莊文韋拍攝。

口。密集且長時間的勞力輸出造成不少勞工的工殤、病痛，加上衛生環境不佳、醫療資源不發達等因素，開王殿神明的民俗醫療即成為中都居民的最大的依恃與安慰。阿殿伯回憶：

> 以前科學不發展，這裡沒什麼醫院，發燒也不知道是生什麼病，什麼叫感冒我也不知道。三佛祖「復興」時剛好是臺灣頭一次大流行感冒，祂救好多人，好多別的地方的人都來這裡吃藥，吃了就好，這間廟就是保佑這些艱苦人。[48]

可知，早年人們工作艱困與生活條件不佳，加上醫藥不發達，雖然對疾病較無概念，但是若遇到身體「不舒服」，還是會前來開王殿「求診」，而且似乎是非常「有效」，儼然是中都地區馳名的「醫療診所」。然而，到底神明治病的方式與療效如何？茲就紀錄簿與口述訪談資料，進一步歸納出幾項特殊性：

1. 藥石與儀式治療齊下

雖然人的病痛千奇百怪，但是乩童以神明之尊取得信徒們的信任，以派藥解除患者病痛來展現神明的靈力，甚至在未說明為何而來時，乩童即能點出問題，讓人感受其神威，這在心理層面上就極具治療安慰之功效。神明的一句話，就如同現今一位醫學權威所說的話一樣，能讓病患信服，更能收藥到病除之效。

不論乩童對信徒施以何種藥物治療，因其醫療行為都是在宗教儀式（降神）的進行過程中施行，都是仰賴神明或儀式的力量，可稱

48　報導人黃佛擇，訪談日期：2014 年 10 月 9 日，未刊稿。

之為「儀式治療」（ritual healing）。[49] 且信徒是從一開始參與上香請神、乩童入神、到面對面請示神明醫病，進而得到神明開立的藥方與香灰、治病符，甚至是回到家中的煎藥儀式過程，都屬於信仰的一種儀式象徵活動。儀式治療輔以中藥藥方的療效，可謂雙管齊下。

這種透過「儀式治療」讓人在心靈上收到安定作用的例子屢見不鮮，1974 年農曆六月廿五日，紀錄簿上記載：「呂志鑫未開口，並不是啞巴。」似乎乩童給與求診的信徒一個很肯定的答案。筆者特別針對此記錄請呂志鑫的母親張淑梅還原當年的過程，她提到當時因為 5 歲的兒子還不會開口說話，憂心忡忡地帶他前來請示神明，她回憶當時的情景：

> 養他到快要 6 歲了，什麼事都不會講還用哭的，我們都要猜他的意思，很煩惱。後來就帶他來問佛祖，佛祖請他把舌頭吐出來看，祂說舌頭這麼長，不是啞巴，他只是慢開口，等他要開口自己會選日子開口。幾個月後，過了冬天，有次我跟他說你都不叫爸媽，阿嬤說你如果叫一聲阿嬤，就買一件衣服給你穿，結果當天 11 點多就叫了一聲阿嬤，之後就開口說話了，所以他現在對佛祖很有信心。[50]

呂志鑫後來還擔任開王殿的「小法」，協助神明降乩請壇，如今辯才無礙。其實，現代的醫師不也是類似做法，在看診過程中請患者別

49　林富士，〈醫者或病人──童乩在台灣社會中的角色與形象〉，頁 531。

50　報導人張淑梅，為主委張鶴鐘的二姊，1951 年生，訪談日期：2015 年 4 月 25 日，未刊稿。

擔心病情，小感冒只要多喝水休息就會康復，甚至強調會開好一點的藥，這也是一種現代的「儀式治療」，只是不同於信徒仰賴神明或儀式的靈力，醫師是以科學為後盾，對病人施以現代醫學的治療儀式。

2. 搭配爐丹、符籙使用以增強療效

時至今日，仍然常見家長因憂心孩童病痛，不遠千里求助坊間名醫，甚至同時在中醫、西醫、民俗醫療體系中轉換。早年中都雖然各方面的生活條件不佳，但是在西醫部分，有三家小型開業診所，且剛好都是內兒科，[51] 對於是否會選擇當時其他的醫療方式，張淑梅說：

> 小孩流鼻水發燒會帶去看一下西醫診所，好像是朱內兒科。其實兩邊都會看，大部分只是給醫生看一看，很少吃西藥，還是吃這裡的漢藥比較多，都是抓藥回來煎。[52]

這樣的醫藥觀念，現今仍是被很多國人認同，中、西、民俗醫三者仍舊在社會上並行且互輔，並不會互相排斥。比較特別的是，開王殿裡的「民俗醫生」乩童開立漢藥藥方給信徒，馬上能從隔壁的藥師領到藥帖，兼具中、民俗醫二元醫療體系，藥材有了神明的靈力加持，似乎更具療效，也讓病人身體加速痊癒。對此，目前是管委會委員的吳玄仲提到她媽媽對於當年藥材的靈驗療效，有特別的解釋：

---

51 一為 1963 年登記的仁德內兒科，位於川東里仁愛四巷 3 號，二為 1966 年登記的治平內科小兒科分診所，位於九如里九如二路 170 號。三為 1968 年登記的朱內科小兒科，位於川東里實踐巷 4 號。資料來源：高雄市文獻委員會編，《高雄市志·衛生篇》（高雄市：高雄市政府民政局，1973），頁 29-39。

52 報導人張淑梅，訪談日期：2015 年 4 月 25 日，未刊稿。

　　媽媽有次聽人說這裡的藥很舊很不好，媽媽改拿藥單去
外面中藥房抓藥，結果吃都沒有效。她說每次抓完藥，佛祖
都會給一包香灰，他是拿一張金紙，乩童用手沾硃砂在上面
畫符咒，然後放一點香灰進去。媽媽煎藥完都會放點香灰進
去，之後再燒符咒放入藥裡面。所以媽媽說是香灰在靈驗，
而不是藥。[53]

　　張淑梅對於服用漢藥時會加入香灰，也有類似的說法，此外還提
到符的使用，她說：

　　符是放在藥裡面，一帖藥一張，符不用燒直接在藥裡放
進去煎，煎的時時候壺嘴還要插三枝香。爐丹（按：香灰）是
加在藥裡面一起煎，爐丹也可以另外用水淨去吃。另外還有
三張符，是早晚化一化服用，以及淨身、煎藥吃。[54]

　　所以信徒普遍認為，靈驗的「神藥」是因為藥包中還有香爐裡的
香灰，以及治病符的靈力所發揮的神奇療效。甚至常見紀錄簿上記
載無開立藥方，單純讓信徒回家以「令符淨食」、「令符化淨」、「令符
淨身」等方式恢復健康。這種巫術治療法一樣具有心理治療的增強作
用，並且讓靈力更加直接、具像。這種古老的符籙治病方式，除了在
紀錄簿上記載用於醫病外，也見用於嬰兒夜啼、手術開刀，甚至信徒
要拔牙齒時，在某種程度上也具有安慰劑的功用。

---

53 報導人吳玄仲，從爺爺開始一家三代都是開王殿信徒，1969 年生。訪談日
　　期：2014 年 7 月 11 日，未刊稿。

54 報導人張淑梅，訪談日期：2015 年 4 月 25 日，未刊稿。

3. 以超自然的事物觀念解釋病因

紀錄簿裡對於病症的記載，對病因的解釋除了一般中醫觀點的說明外，還有以超自然的事物觀加以解釋，如記錄因「沖風西南」、「沖風東南」導致發燒等，表示乩童的治病，背後有一套常民所普遍認可的民俗信仰觀念，將疾病發生的原因導向超自然性質，如因為沖犯到不潔淨的東西，可能是在什麼時間、方位、狀態遇到某種「煞氣」，又或者是沖犯到特定的鬼神而導致生病。如 1976 年農曆閏八月十日，陳姓信徒因肚痛一個多月，乩童診斷與十二指腸有關，開立藥方外還說明：「回故鄉後父母親纏身來台，作一小船於十三日未時送回鄉，魂身一男一女」。這種以超自然的因素解釋病因在紀錄簿上有不少例子。

另外，傳統漢人社會認為「著驚」是指人的身魂受到驚嚇，輕者魂魄失去平衡，中者魂魄被嚇離體外，重者魂魄在體外被鬼邪等物滯留不得返。[55] 在這六本紀錄簿中，很多對信徒病因的解釋為「受驚引症」。另外，信徒在問事活動中請求「收驚」的平均比率也有 5％，此治療方式幾乎是出現在每日的問事中，難怪臺灣民間有一句俗語：「無收驚的囝仔飼無大漢」。通常在問事儀式一開始時，乩童會先幫有需要的信徒做「收驚」儀式，乩童也常將小孩的夜啼，解釋為「受驚」、「有動土」，所以常見記錄上記載信徒一方面請求乩童「收驚」，一方面也接受乩童開立藥方，以民俗儀式與藥物雙管齊下治療。

---

55 張珣，〈道教與民間醫療文化——以著驚症候群為例〉，收入李豐楙、朱榮貴主編，《儀式、廟會與社區》（臺北市：中央研究院中國文哲研究所，1996），頁 433。

除了對病因的解釋之外，乩童也常囑咐信徒要避免或注意何事，大部分是常民普遍相信的禁忌或行為儀式，如 1968 年農曆二月廿五日，乩童指示家中孩童「夜啼」的莊先生「不可亂動，亦不可大小聲。」另外在 1968 年農曆二月十五日，記載家中孩童「啼哭」的陳先生，家裡要注意「有污穢者不可近身」。陳先生於 1968 年農曆二月廿一日再次請示「夜啼」問題，乩童則指示「衣服曬倒反、令符化淨。」

現代醫師是在乾淨明亮，置放醫療器材的診間，在護士的協助下，以醫學科學為後盾治療病患與解釋病因，並提出醫囑叮嚀；乩童的治病則是在香煙裊裊，擺置神器的廟宇，在桌頭、小法的協助下，依賴信徒認可且理解的一些超自然事物的文化觀念，以之作為後盾向他們解釋病因，或囑咐傳統禁忌及必須履行之事。在醫藥不發達的年代，在封閉的中都地區，乩童扮演「民俗醫生」的角色，每日都有眾多因病求助的病患前來掛號待診，開王殿儼然成為中都地區馳名的「醫療診所」。

（二）運勢

若在紀錄簿上註明事由是「運」，筆者皆歸納為「運勢」一項，此類別六年的總和比率高達 7.5％，僅次於因病求診。不過此項目包含的種類繁多，人們在生活上、人際上遇有不順遂或不平安常會歸咎於運勢，或有遇喪、遇「煞」或不潔淨之物，種種讓人心生畏懼之事，此時乩童常運用符籙方式，以令符讓信徒淨身食，求消災解厄、否極泰來。不過運勢不順之事包羅萬象，甚至有記載信徒因「養雞不順求令」，另外如個性不好、放浪也導向運勢。

至於乩童如何解釋運勢不佳？「身體欠安」是一例，除了運用符籙，還能馬上輔以開立藥方治療。也常見以「八字」、「命底」這類生命決定的概念加以說明，或以「自作孽」等關於「業報」的觀念解釋。若是關於「家運」不佳，則常見乩童以風水擇日有誤加以解釋，如「房屋方位」、「遷居、增建未看日」、「動土未看日」、「未安排謝土日」、「完婚進房誤時」、「神位不平均」等。

乩童除了以符籙方式及信徒能理解接受的傳統文化概念解釋外，常會進一步明確指示何時有大劫或何日、幾歲才能出運？或提醒信徒何時需小心，注意何方位。若當信徒欲從事某一活動，想祈求過程平安順利，希望能有好的運勢，常見記載為「求隨身」，即求隨身令符，例如信徒要出遠門或旅遊，而求隨身，可能使用於開車、或安放在居室等。

而信徒為求改變年運不佳，使運勢順遂，會於農曆一月十五與八月十五至殿裡由乩童使用令符搭配紅蛋、米糕飯等物施以「改劫」之術，祈求諸神讓信徒消災解厄、趨吉避凶。此「改劫」類別的比例也有 1.8％。

（三）事業財務

常民最大的希求，若一言以蔽之，就是「平安大賺錢」，身體健康、居家平安後，當然就是祈求自身的事業、求職轉職順利，此事業財務類別六年總和占有 3.2％。信徒主要來自中都地區的居民，以勞工階級居多，也有不少來自鄰近區域的「生意人」，他們在這工商業發達的都市討生活，激烈的工商競爭自然不若鄉下傳統農村般的單

純，除了在人力範疇內比較能掌控的專業技術、自身的勞力外，複雜的工商環境、人際關係與景氣，太多不確定因素自然會讓信徒們求助於神明。

除了職業的選擇與否，還有商場上的「運勢」，開業、開工、開市的擇日都是信徒所關心的，深怕一不注意壞了財運。還有商場上的「合股做事業」、「貨品交貨日」、「是否能交貨」等問題常見到「生意人」的詢問，像是長年當任「爐主」，為 1969 年天公爐捐贈者之一的林水波，似乎是在貨品交易前，都會來請神明指點，祈求順利交貨。

另外像個人的財務問題，「倒債」、「租售房屋土地」、「購車、土地」，神明也能像位財經專家，提供信徒作諮詢服務。甚至在 1984 年農曆八月十二日紀錄簿上登載，一位許姓女士前來問事的理由是：「往銀行領款，請庇佑無事。」

(四) 風水擇日

所謂「好風水，蔭萬代」，臺灣民間向來重視風水地理。看風水可分為兩種內容，一種為「陽宅」、一種為「陰宅」。而且除了地理方位外，還非常重視「擇日」，無論生活大小事，會請神明避凶趨吉，選擇最佳時日。此風水擇日類別六年總和占有 2.2%。

紀錄簿上所見，運勢不佳乩童可能以風水不好來解釋，所以信徒安排葬禮、築墓地，或是要修築什麼建物，無不重視地理方位，相信選擇好地理或正確的時間，可以諸事順利。信徒對於時間的重視表現在安裝裝置、建築建物、神明安座相關事宜，例如「安厝」、「安機

器」、「安鳥舍」、「動土」、「上樑」、「謝土」、「做灶」、「安神」等日期都請得神明選定，不論家中大小修繕事務，神明皆能指點良辰吉日。像是在 1974 年農曆八月廿三日紀錄上登載，神明指示一位林姓信徒「廚房屋頂修建」日期，以及在 1974 年農曆八月十日一位許姓先生前來請神明指示「設自來水動土」的時間。

還有部分信徒除了在「移居」會請神明隨車、鎮宅安厝外，日期的選定也是一點都不能馬虎，深怕一有閃失，影響未來居家安寧、家人健康。

甚至連信徒平日的生活大小事，如「剪髮」、「歸鄉回家」、「看病出院」等也是請神明選擇吉利、行事順利的最佳時日，例如在 1974 年農曆九月九日一位家住新興區的呂先生，當日前來請神明指示「新車開車日」。代表信徒相信時間具有神祕的力量，能影響世間人事的進行，為了行事平安，除了翻閱農民曆外，還是會依賴神明做出更專業的指示，帶給自己心靈上更大的支持力量。

（五）生命禮俗

從出生到終老，人生重要階段都會舉行各式各樣的過渡儀式和祈福儀式。這些是人類傳衍下來各種生命禮俗或禁忌，從兩人的婚姻儀式開始，到雙方家族祝福早生貴子，臺灣傳統社會中重視傳宗接代，所以包含求子的儀式，到懷孕後的安胎、祈求生育順利，以及小孩出生後的許多祝福的儀禮，都是傳統民間大眾所依循的，也帶有濃濃的民間信仰宗教色彩。

　　以下數項，六年的紀錄簿總和計算仍有2%的比率，可見生命禮俗乃民間根深蒂固的文化觀念，與民間信仰關連性高且為信徒們所重視。以下分別加以敘述。

1. 婚姻

　　信徒主要會請神明「合婚」，即合雙方的生辰八字。以及結婚儀式時辰的指示，例如結婚或「安床」的日期時辰等。當然也有信徒是來求姻緣的，請神明指示幾歲能結婚，不過值得注意的是，有不少被感情問題困擾的信徒，前來尋求神明指點，在1973年農曆四月十三日，陳先生請示「夫妻感情」，乩童說明為運勢之故，他說：「二人本年運有雙沖，互相忍耐，否則變成分離。」在1974年農曆七月三日，有位家住苓雅區的陳先生，即因為「新婚四天感情破裂」前來求助。甚至包含婆媳或者父子兄弟不和皆有，乩童也曾以「完婚日錯以致夫妻失和」解釋之。

2. 生育

　　信徒為求生子，會來請求神明進行「換花叢」儀式，白花是代表男生，紅花是代表女生，在殿裡也有配祀註生娘娘。在1969年農曆二月廿九日，住在本境的李姓女士前來求子，紀錄簿記載神明指示：「如要換花者，是日早晨準備二蕊白花，花枝多，灯斗盛米放置註生娘娘求，燒化八字一張。」現任管委會主委張鶴鐘，其姊姊張淑梅說明弟弟即是在1961年，由媽媽來殿裡請神明「換花叢」所生下的。[56]

56　報導人張淑梅，訪談日期：2015年4月25日，未刊稿。

信徒還有前來詢問是否有妊，而當懷孕之後，信徒也會來祈求符令希望分娩順利，以及詢問胎兒情形或分娩日期等，乩童也會指示「內部不可亂動」等民間禁忌。一旦小孩出生後，新生兒的命名會請神明幫忙，以祈求小孩平安成長，將來可以功成名就，一般人認為取名的好壞會影響人生的際遇前途。

3. 拜契

除了小孩出生後做滿月、周歲外，也常見信徒為小孩「拜契」，這是臺灣民間非常普遍的一種信仰儀式，是一種拜神為父母的習俗，通常是新生兒「細漢歹育飼」，必須拜契神明為父母，請祂保佑他平安健康長大。

在張淑梅來殿裡請示他兒子是否為啞巴的前一年，即帶兒子給神明作契子。她說呂志鑫小時候歹育飼，常需要收驚，她回憶道：

> 他最早有去別的地方收驚，先生媽說要給神明作兒子，
> 所以帶回來開王殿找佛祖，佛祖算了他的八字後說他屬於
> 二千歲，我們就準備鮮花素果跟佛祖說要當二千歲契子。[57]

這段拜契的歷史紀錄，記載於 1973 年農曆四月二十二日的紀錄簿上，上面書寫著呂志鑫「拜契：二千歲，日期：四月廿五日。」和二千歲有著「父子」關係的呂志鑫，目前每日都會到殿裡參拜，成了開王殿虔誠的信徒。

---

57 報導人張淑梅，訪談日期：2015 年 4 月 25 日，未刊稿。

（六）學業

俗諺云：「一居、二命、三風水、四積陰功、五讀書。」是說有吉利住宅、好生辰及好風水，又有做好功德，但是天助自助者，仍須努力讀書，才能相輔相成，以致成功。

在臺灣的升學主義下，學童的競爭激烈，所以約在畢業季節的國曆6、7月分，信徒請示神明關於「升學」的次數相對於其他月分高，除了祈求令符希望考試順利外，也請教關於「考高中」、「考大專」、「考師專」的機會，甚至請示神明選擇的高中組別。

而乩童的回應，有時會直接給予正面的信心鼓勵，例如「可及格」、「有希望」、「有可能」，有時則是較負面的看法，如「比較困難」、「有困難」、「無希望」、「未得達到理想之校」，也有鼓勵性質的回答，如「未達到理想，需努力」、「需認真，否則運有關」。另外也有以命理加以解釋，如1969年農曆十二月五日，有位三民區的陳先生前來「請教升學」，乩童的回覆為「認真但命星不順」。除了升學，還有其他信徒請示考公司、執照、駕照的例子。

（七）吉凶

傳統民間將一些事件視為一種「占兆」，利用夢境的內容、眼皮顫動，或是其他任何可能代表吉凶徵兆的事件來預卜好兆或壞運。雖然占整體問事內容的比率偏低，但可以就此瞭解信徒對於自身或家中發生何事會心生擔憂，以及他們判斷吉凶禍福的價值觀念，茲就紀錄簿上常見的記載，分別敘述如下：

1. 夢解

有些信徒會說明自己的夢境來請示神明代表是禍是福，例如 1976 年農曆七月九日，王小姐詢問「夢解」，乩童指示「由外邊引進，希夜間不可外出。」

2. 目跳

信徒因眼皮顫動來請示意涵的，記錄為「目跳」。1969 年農曆二月十六日林先生自述「右眼常跳」，乩童回應「好，並無影響」；1973 年農曆十一月十五日，林先生因「左眼跳皮」前來詢問，乩童同樣回應「並無影響」；不過在 1969 年農曆八月三日，陳小姐詢問「目跳」，乩童則提醒該信徒「未到生日以前，不可亂出外。」

3. 發爐

另一類則是因信徒家中香爐「發爐」前來詢問。例如 1973 年農曆二月七日，黃先生請示「家爐發爐」是否有影響，乩童指示「駕駛十天內小心之。」同年農曆六月六日，王先生「家神爐發爐」，乩童指示為「不吉，不可外出。」同年農曆九月廿五日，李先生「家爐發爐」，乩童提醒該信徒「七日中家中之人小心行路。」同年十月十一日，許先生家中「爐發爐」，乩童同樣提醒之，他說：「事事小心，至冬至止。」可見乩童大多將「發爐」視為不吉之兆，需行事小心。

4. 家神

家神的牌位或香爐受損也被信徒視為一種占兆，例如於 1974 年農曆八月十八日，王先生說明自家的「祖牌向前拔下」，乩童喻示「家

運不好，事事小心」；1974年農曆十二月十三日廖先生家中「神位（祖牌）倒下」，乩童也是類似提醒「明年家運不好，小心。」1973年農曆三月十四日柯先生因「本日早晨祖先爐被飛圭（按：飛雞）前來問事，乩童提醒此為「壞吉彩，本月下半月家中大小小心之。」

5. 動物叫聲、動作

比較特別的是信徒將一些動物的叫聲或動作視為吉兆——例如在1976年農曆九月七日，辛先生說明有「貓爬上神位上」的情形，但是乩童說明「並無影響」；1974年楊先生農曆七月廿七日楊先生聽見「雄圭啼」，乩童同樣說明「無影響」。同年農曆十二月十三日，另一位楊先生也請示「酉時雄圭啼」代表的意涵，這一次乩童則說「不好」；1976年農曆十月十五日，洪小姐「被飛鳥拉屎」，乩童口語開示「注意閒事就可。」1974年農曆三月廿六日，現任主委的爸爸張木看到「養狗（紅）上屋頂上」，乩童說明這代表「不吉利」。

（八）官司、神明事、尋人物

還有一些信徒問事的內容，例如「官司」類別占整體的比率很低，但是在1968年平均每月出現兩次，大部分是詢問關於車禍或是債務和解等官司問題，不過此類別有逐年遞減之勢。

另外像是詢問「神明事」或「尋人物」，平均每個月仍有兩次之多，前者是詢問自家奉祀的神明或家神的問題，如移神、安神、開光、請神鎮宅安厝、祖先牌位安座等問題。後者則是請神明幫忙協尋親人或物品，在早年通訊不發達的年代，親人因航海，或不明原因未

歸家，常讓掛心的家人不知所措，此時此刻，神明的靈力予信徒最大的信心與心靈上的慰藉。

例如在 1976 年農曆九月十三日，周姓信徒詢問親人「行方」，乩童開釋「可回家，令符化即時可回家」；同日黃姓信徒也來詢問親人「行方」，乩童也是給予肯定的回覆「今夜化後免再化，一定可歸家。」可見乩童是搭配符籙的方法增強信徒的信心。

（九）其他

當記錄者換為黃清海時，其所登載的內容較簡略，甚至有不少問事的內容沒有紀錄，筆者將之歸類為「其他」項目，例如 1976 年就有逾 10％只登載前來問事的信徒姓名與居住地。除了問事內容不詳外，還有一些是不屬於上述類別，例如信徒詢問已故親人的在陰間情形，以及諸多沖犯到亡靈邪煞的情形，並行法事，期與凶神惡煞絕緣，皆歸於此類別。

親人往生以致陰陽兩隔，是否親人在陰間仍繼續受病痛之苦，這答案似乎只能求助於神明，才能解惑並獲得心靈上的安慰。如 1969 年農曆七月十九日，莊先生詢問「亡子在陰（間）情形」；同年農曆九月廿三日，何張女士詢問「亡夫在陰（間）之情形」，乩童請其「不必擔心」；1974 年農曆五月五日，楊先生詢問「亡父在陰（間）情形」，乩童表示其父親「苦已滿，目前經見天。」

還有一些例子是信徒在行車事故中傷害犬、貓後心生畏懼，害怕動物靈會纏身報復，所以前來請示神明該如何化解。如 1969 年農

曆六月五日，呂先生因「駕駛計程車碾死一犬」，乩童指示「先準備草人替身，九日化錢銀。」乩童大都指示以燒化紙錢的方式「賠償」之，如 1974 年農曆九月一日指示李姓計程車司機「九月七日各九支」，亦即燒化銀紙與九金；1976 年指示農曆五月十五日朱姓計程車司機「明十六日下午二時，菜飯各一碗，銀紙六支，九金六支」；1984 年農曆六月十一日要求陳先生「十六日賠償之，各六支。」

另外，生理方面的疾病，乩童得以開藥去病，若是心理精神方面的異常，症狀輕者，乩童解釋病因化解疑慮，並教導避煞解決之法，施以令符淨食。如 1969 年農曆十一月六日，陳黃女士自述「常看黑影」，乩童指示「求令符化淨食」；1976 年農曆六月十八日黃女士「每夜看白影」，乩童說是「亡父（夫）沒錯」；1969 年農曆六月一日，李先生疑亡魂「纏身」，乩童說明「並不是亡魂，王船（西南）代巡王」；1976 年農曆閏八月十五日，家住鹽埕街的蔡小姐自述「家中常發生奇怪事，行香後宛如採乩同樣」，乩童解釋是因「宅中有陰兵，有到附下所致」；同年農曆十月十二日，乩童向程姓信徒說道：「係女亡魂，外家之亡魂，需回娘家行香。」若是信徒已經藥石罔效，症狀嚴重者，乩童還會聯合眾神聖，施展驅邪壓煞法術。

從以上信徒問事項目可發現多數是因病求診，其餘內容則是包羅萬象，希望能平安好運勢，祈求消災解厄、否極泰來，在事業商場與個人財務上能平安順利，以及看地理風水、擇良時吉日，還有求子嗣，求嬰兒好育飼，婚姻能得佳偶等生命禮俗，甚至占卜吉凶、學業、官司、尋人物、神明事等五花八門的問事內容，幾乎包含一切日常生活所需，顯示信徒對神明的依賴與信任，早已超越單純的信仰。

大部分時間祂扮演醫師角色，懸壺濟世，對症下藥；有時擔任財經顧問，提供建議，開運納財；有時化身算命師，論斷禍福，指引光明運勢；也像風水師一般，堪輿辟邪，福蔭子孫；有時是看日師，合八字，選吉時。另外，在收契子的儀式上，建立擬血緣關係，給予像父母般的疼愛；更像心靈導師一般，撫慰心靈、指點迷津、給予信心。乩童的角色多樣化，神明幾乎是有求必應，其靈力透過生產，經由創造神蹟的問事活動，逐漸進入到聚落生活裡與每位信徒的生命中。

由靈力文本的記述與報導人娓娓談來的神明救世神蹟來看，定期的降乩問事是一種薰習認同的過程，這過程把人與神明緊密連結在一起，尤其是占多數的本地人，神明的靈力展現不只讓他們心懷感激，也引以為傲，對他們而言，開王殿眾神明能幫助他們度過任何難關，也逐漸成為一種彼此對家園認同的焦點與象徵，換言之，神明不但與中都這塊「地」，也與這裡的「人」逐漸連結起來。

第三節　神明的靈力傳奇

從歷史的脈絡來看，位於三塊厝聚落發展邊緣地帶的「中都」地區，曾經是一片荒蕪且人煙稀少，此地區曾有一些墓地，在發展工業之際，挖出不少無主的先人骨骸，加以封閉的中都地區交通不便，工作、居家環境惡劣，自然衍生不少惡靈作怪或亡魂附身的傳說，面對這種不安與恐懼感，讓信徒覺得最靈感的主神觀音三佛祖，成為他們仰賴的對象，也流傳不少在地方收妖伏魔、開壇施法的神蹟傳說。

一、降妖伏魔

信徒對於開王殿降駕辦事的神明，都認為個個是武藝高強、擅長收妖降邪的，尤其時常提到佛祖能指揮部將，降妖伏魔，目前在內殿神龕下還有一尊虎爺與 16 罐陶甕，據傳當年在中都地區有許多擾亂作怪的惡靈，觀音佛祖慈悲為懷，將這些鬼怪收伏後，壓制在內殿神龕下陶甕中，並由虎爺看守著（見相 3-22）。

這些陶甕的真實存在，增添更多信徒對於神明展現靈力的想像，對於這些陶甕的由來與神明收伏惡靈的過程，張淑梅說道：

> 佛祖收在甕裡的，都是看不到的亡魂，遇到的比較惡的，勸不聽像流氓一樣，佛祖會請辦事的人馬上去五金行買甕，回來佛祖就貼符封上了。不過後來很多甕都丟到愛河裡

相 3-22　內殿神龕下的陶甕
資料來源：陳淑媚提供。

面，因為佛祖說要丟一些不然沒地方放。祂說丟掉沒關係，
他們已經沒力爬起來了。[58]

因為長年開壇辦事，佛祖收伏的惡靈為數眾多，多年累積的陶甕在狹
小的開王殿裡無處可放，不少陶甕就像信徒所說，早已丟進鄰近的愛
河裡了。對於佛祖收妖的過程與陶甕的處理方式，阿殿伯說：

> 被三佛祖收在甕裡的非常多，都是佛祖辦事的時候抓
> 的，祂符咒化下去先把兵將調來，再用甕把不好的東西收起
> 來。之後有些是地藏王菩薩來，拆掉請祂帶回去陰（間）；有
> 的是二千歲要下陰（間）順便帶下去；有的因為太多放不下，
> 以前溪不太乾淨，就放在溪裡流走。[59]

可見，當年乩童在辦事時，以燒化靈符的方式，將信徒自述遭遇
的惡靈，當場收服封印於陶甕中，且不論是開王殿的或其他的神明，
降駕乩身的神明是有不同管轄、職能的，乩童再藉由不同儀態、聲調
的呈現，以法術儀式讓每位神明都能展現無比的靈力。而留存至今，
由虎爺看守的 16 罐陶甕，也寫下開王殿一頁傳奇的靈力篇章。

二、法術傳奇

對付作祟的鬼神，有時不能以強制性的手段加以驅除或斬殺，常
見乩童以「祭禱」的方式求取人和鬼神之間的和解，此方式的核心為
獻祭。[60]

---

58 報導人張淑梅，訪談日期：2015 年 4 月 25 日，未刊稿。

59 報導人黃佛擇，訪談日期：2015 年 4 月 22 日，未刊稿。

60 林富士，〈醫者或病人──童乩在台灣社會中的角色與形象〉，頁 531-532。

　　紀錄簿上多次記載有信徒因家中不平安或身體病痛前來求助於神明，或者是信徒出現嚴重的精神失常症狀，乩童解釋病因是「祖先因果」或「亡魂纏身」等，此時通常會請信徒擇日呈「上訴狀」，並舉行特殊的法事儀式，大部分是採用「祭禱」的方式，主要是「燒庫錢」或獻上牲禮，以及如「下陰間」、「打城」、「脫身」等儀式，以下分項說明之：

（一）下陰間治病、打城

　　開王殿供奉的蘇府二千歲，是信徒口中靈力極強、專門「辦陰」的神明。此信徒的共同記憶可由紀錄簿上多次記載每當有信徒呈訴狀，需要乩童舉行法事儀式，儀式中需要至地府辦事的神明多由蘇府二千歲負責可以加以印證。

　　依據 1973 年的紀錄簿記載，農曆四月二日，家住苓雅區的薛姓兄弟，父親因病於 1972 年十一月過世，其靈魂常常回家託夢於家母，並言其目前所帶病症未得痊癒，在陰間受生病之苦，兄弟倆不忍亡父在陰間受苦，故呈訴狀懇求開王殿諸神明，期藉由神明之靈力免除亡父在陰間受生病之苦，並願繼承亡父之遺志，捐公轎一頂及興建廟宇用水泥一百包，且在生之年敦睦鄰里、造福社會、幫助他人、不做虧心事等。

　　乩童透過法術儀式，使二千歲下至地府帶其父親在陰間就醫，使其病症早日痊癒，且在陰間能安居樂業。類似二千歲下陰間辦事的例子為數不少，其中一種是在紀錄簿上記載為「打城」的法術儀式。打城，並非真的去攻打枉死城，而是請求東嶽大帝釋放冤魂，使先人冤

魂脫離枉死城，早日登上西天極樂世界的法術。[61]

依據1968年的紀錄簿記載，農曆正月十五日，家住苓雅區的馬黃女士，其夫在船上因心臟麻痺往生，自述家中9歲幼女常言亡父在陰間之苦，以致家中不甚寧靜，前來祈求消災改厄保安植福。經開王殿諸神轉知縣城隍爺、第六殿閻羅天子，設法請求赦減其夫受禁在枉死城受禁期限，打城後准予由蘇府二千歲領其靈魂歸位，使其夫在陰間能安居樂業，妻女在世能平安（見相3-23）。

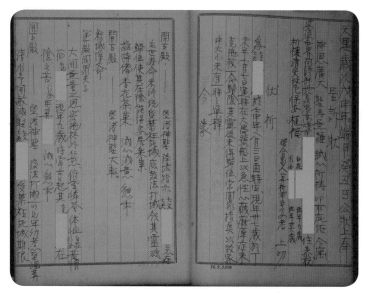

相3-23　民國57年開壇紀錄簿（農曆正月十五日）
資料來源：莊文韋拍攝。

61　劉還月，《台灣民間信仰小百科（靈媒卷）》（臺北市：臺原出版社，1994），頁183。

　　信徒相信乩童的法術，能使乩童成為穿梭陰陽二度空間的「靈界人」，或許是能幫助在世間的親人彌補對往生者的虧欠，讓他們能再盡孝道，讓往生者能夠免受在陰間之苦，早日轉世投胎。一旦完成此穿梭陰陽、打城的法術，即盡到親人之前未完成的責任義務，心理上的壓力隨之解脫，心理疾病自然不藥而癒，也能求得心靈上的平靜。

（二）脫身

　　當法師或乩童為協助信徒擺脫亡魂野鬼的糾纏，最著名而普遍的方式，莫過於是「脫身」，即用稻草捆一個人形，穿上病者的衣服，使其成為病者的替身，再把這稻草人放在離開病家遠處的十字路口，任惡鬼捉之。也有人用草紮或紙紮的人形，請法師施法由草人代為受過，以利真人脫身。[62] 張淑華曾敘述其在 14 歲農曆七月時，親眼於開王殿看乩童利用「脫身」儀式，來幫助她中邪的母舅李先生恢復正常。

　　依據 1968 年的紀錄簿記載，農曆七月十日出現第一筆李先生問事的資料，當時桌頭有兩行紀錄：「病症：臨危，魄失六分。條件：七月中閉門不可出。」之後連續多天都有求診請乩童開立藥方。十八日時，乩童表示三佛祖所安符令多次被破。至二十二日時，二千歲特別降壇指示，因三佛祖所安的符令已二次被破，情況緊急，需要他馬上移居至殿旁，並派一支令鎮宅，以及請黑虎爺的金身坐鎮協助，也提醒他此時魂魄未安定，可能因此變成「六畜库」，必須特別注意本月的廿八、廿九日，且無論何人都不可以近他身。隔日再次提醒他不

62　劉還月，《台灣民間信仰小百科（靈媒卷）》，頁 141。

可食用會動火、刺激性的補品，凡事要小心。廿四日特別鼓勵他，再堅持一個星期即可，要小心忍耐。到關鍵的三十日，乩童指示「明日辰時見日后可出門，在門前可行，不可歸家，亦不可出外境。」到了隔月閏七月二日，三佛祖降乩指示，需於明日施行「脫身」法術，準備銀紙兩支，待「草人」放後再焚燒銀紙，需注意午後時間讓草人不見天日。

歷經兩個農曆七月的惡鬼附身驚魂，使李家、張家為李先生擔心受怕，祈求神靈相助，請乩童施行「脫身」法術，並遵照乩童指示，動員家族人力、物力全力照顧他，最終使其恢復健康。

（三）調解前世冤仇

紀錄簿中乩童解釋因「祖先因果」或「亡魂纏身」致病的案例屢見不鮮，通常導致病者精神失常，此類情形乩童會居中調解，並改以城隍爺、閻羅天子、東嶽大帝等神明附身，類似「法庭審案」方式處理，最後採用「祭禱」方式與作祟的亡魂「和解」，並飭誡信徒今後需修身積德，多行善事，以解災厄。1969 年紀錄簿上記載一段信徒因病發瘋，求助開王殿神明長達兩個月時間，乩童解釋其病因是信徒父親早年種下的因果，導致亡魂前來報仇。

1969 年農曆七月十三日，22 歲家住中都的林先生首次前來開王殿求助神明，紀錄簿記載其病情越來越嚴重，眼瞳展大，見物亂食，乩童詳細解釋其病因為其父早年耕農時，性暴打死一隻有孕在身的黑色母犬，導致一屍八命，亡犬在陰間領令報仇，欲至陽間取命，致林先生多名兄弟姊妹往生，自己也精神失常。同年十七日，乩童再次說

明亡犬領令報絕嗣之仇，試圖以好言勸之。廿一日，乩童指示再繼續求情，直至中元（廿四日）過後，待八月再設法處理。果然，八月一日乩童指示信徒儘速呈「訴狀」，要求從三日起連續三天至殿裡擲筊，請求神明展現靈力，協助其恢復精神正常。

八月六日，林先生母親正式呈「訴狀」，敘述其二子林先生自1966 年年初，即身體欠安，精神失常，夜不得安寧，且求醫罔效，近二三月來更嚴重，入住本市精神病院亦無改善，已無路可行，經探得開王殿神聖靈感，懇求設法治療。廿三日下午 3 時 10 分，蘇府二千歲降駕指示信女需思考後再答覆問題，接著由知縣城隍爺附身乩童，將病者的祖先於茄萣鄉謀財害命，以及其父於當地因一母犬盜食魚貨，將此肚中有七小犬的母犬打死，致母犬亡後於陰間血池遭禁錮十二年，今領令前來陽世報冤。隨後乩童以第二殿閻羅天子的身分說明其無法草率判決此事，怕開此和解先例造成陽間為惡者更肆無忌憚，但仍鼓勵信女繼續盡孝心以求和解（見相 3-24）。最後乩童說明由二千歲呈和解書予地藏王菩薩，懇求地藏王菩薩收回報冤令旨，並讓亡犬至「都市七殿」，免受苦難，並指示信徒應燒化豬頭豬尾、房屋、庫錢、金銀紙等以示賠償亡犬損失，使今後陰陽各行其路，亡犬不得再交纏林先生之身。

廿六日乩童指示信徒，自開辦此事後，過程非常順利，務必謹記答謝神明的日期。最終信徒遵照指示，於約定日九月六日備齊香花茶果，以開王殿眾神名義上呈「和解狀」予地藏王菩薩，並燒化上述庫錢等物，使儀式完備，期能使病者恢復健康（見相 3-25）。

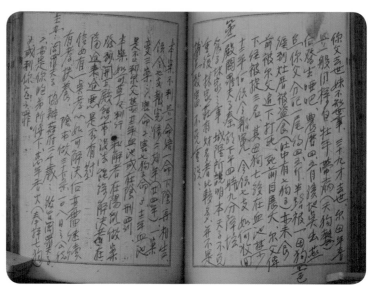

相 3-24　民國 58 年開壇紀錄簿（農曆八月廿三日）
資料來源：莊文韋拍攝。

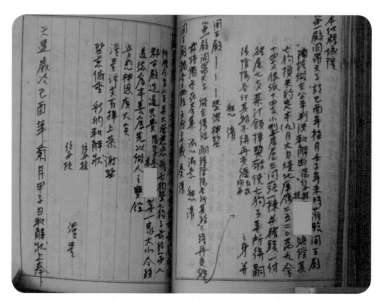

相 3-25　民國 58 年開壇紀錄簿（農曆九月六日）
資料來源：莊文韋拍攝。

　　張珣 1980 年至臺北縣深坑鄉觀察記錄鄉內的乩童治病行為，認為乩童的醫療核心為其病因解釋，能給予病人心理精神方面之滿足，抒解病人之自責內疚於外在的祖先神鬼等超自然因素，給予病人一個解脫，一個與外人共享的普遍性，因此減低病人之壓力，提高人痊癒信心。[63] 我們無法驗證乩童解釋病者病因的正確性，但是可以確定的是，開王殿的乩童以超自然力量來解釋疾病之起因，藉由不同職司神明之角色，協助支持這套法術或醫療的有效性。這些神明靈力的展現，救人的法術傳奇，至今信徒談起仍是嘖嘖稱奇，也成為他們共同的歷史記憶。

63　張珣，《疾病與文化：台灣民間醫療人類學研究論集》，頁 147。

第四章　文化保存機制中的在地實踐

　　靈力一方面指神明能夠感應人的祈求，並有所回應，所以人們常要尋找有求必應的神明；另一方面則是指神明處理事情的能力或權威。[1] 在上一章我們透過《開壇紀錄簿》的分析，明瞭開王殿的乩童請壇問事活動是殿方的匯集人氣的方式，也是創造神蹟的主要活動，信徒透過參與此定期的問事活動，解惑去病、驅邪避煞，親身經驗神明的靈力。而透過眾多神蹟的傳頌，吸引了更多來自外地的信徒前來求問，使得人氣快速累積。

　　然而，風光一時的開王殿為何在 1990 年代人氣急轉直下？喪失人氣是否代表某種程度的失去靈力？在此危急存亡之際，一股力量進來使「靈力」再現，這股力量就是開王殿的文化保存運動，究竟是什麼契機去推動這場保存運動？筆者希望透過本章節的探討，能引發更多人關注這些議題，進而對文化資產保存的現況有所省思。

第一節　開王殿的黑暗期

　　從 1989 年以後，開王殿人聲鼎沸、香火興旺的風光景象不再，可謂進入黑暗時期。此後信徒逐漸流失，昔日的神明降乩問事、聖誕慶祝、熱鬧的建醮活動幾乎停滯，這是一段讓每位報導人談到都會搖頭嘆息的過去。廟宇的黯淡可從一份高雄大型的的民間信仰寺廟調查報告看出端倪，其中採訪者對開王殿的寺廟沿革敘述如下：

1　陳緯華，〈靈力經濟與社會再生產：清代彰化平原民間信仰與地方社會的形成〉，頁 58。

　　開王殿陳舊難以引人注意，……土地係向唐榮租借，限於經費一直無法擴建，目前管理員中風，改由其兄黃清水暫代，一旦土地重劃將難以為續，目前廟務停頓。[2]

　　究竟是什麼原因導致開王殿由輝煌轉向黯淡無光，筆者歸納出下列三項原因：

一、沒有乩童，靈力施展受限

　　早年開王殿的人氣匯集與神蹟創造，主要是依賴乩童的「開壇問事」，但在這問事的儀式活動中，還有另外兩個人也扮演著核心的角色，分別是桌頭與藥師。擔任桌頭者是黃清水，藥師為其弟黃清海，這兩位長年擔任殿方的經營管理者。1989 年 10 月藥師黃清海積勞成疾，不幸中風，同時間乩童也終止問事活動，藥師的女兒黃麗禾說：

　　之前都是我爸爸在扶乩，是他在開藥，爸爸中風後就沒有再問事了。但是五叔（按：乩童黃清雲）會在藥房這裡（按：藥師家經營的中藥行）幫人把脈，他很厲害，很多人會來這裡抓藥。[3]

　　所以卸下神明靈力的乩童，雖不再是神意的傳達者，但因患者的需求，仍以自身的醫藥知識，繼續在中都幫人做民俗醫療。四年後 1993 年乩童黃清雲離世，此後，開王殿不再有乩童，靈力施展因而中斷。

2　王賢德編，《高雄市寺廟文化專輯（一）道教部分》（高雄市：高雄市文獻委員會，2003），頁 91。

3　報導人黃麗禾，訪談日期：2014 年 8 月 4 日，未刊稿。

　　陳緯華認為神明的靈力是因為人的努力而增加，此增加神明靈力的活動稱為「靈力生產」活動，而生產靈力的方法就是去經營神明的人氣與神蹟。信徒常言「也要神，也要人」。神明人氣的匯聚或許與神明本身有關，但更重要的是要靠人的經營。[4] 所以當開王殿的靈力生產者已無法戮力於廟宇的事務，結束匯集人氣與創造神蹟的問事活動，就等同於宣告廟宇的靈力將不同以往。

　　沒有問事活動，廟宇寂靜了，住在殿旁的廟婆楊鄭呸依然每日虔誠地早晚敬茶、上香，僅剩零星信徒前來膜拜、擲筊。然而，信徒們還是希望廟宇能恢復昔日榮景，重新採乩，可惜困難重重。張淑梅回憶這段期間，她說：

相 4-1　1991 年開王殿一隅
資料來源：楊菱三提供。

4　陳緯華，〈靈力經濟與社會再生產：清代彰化平原民間信仰與地方社會的形成〉，頁 86。

　　大家還是會來，都自己擲筊，求佛祖也是會允准。佛祖
也有說要採乩，但是這沒有辦法馬上採，這要慢慢找，除了
八字要合，不可以做壞事、賭博、害人，這樣條件很難找。[5]

　　開王殿的「巫術」性質濃厚，信仰的「道德」成分較少，所以在藥
師與乩童相繼離開廟宇後，停辦了問事活動，神明靈力施展的方式受
限，減少了創造神蹟的機會，也代表開王殿面臨香火衰微的窘境。主
委張鶴鐘認同此說法，他說：「黃清足乩童走了之後就沒有問事，沒
有問事後就沒落了，這是廟沒落的主因。」[6]

二、人氣不再，停辦建醮活動

　　在臺灣，主要能夠匯集人氣，讓廟宇「熱鬧」的宗教活動有進
香、遶境、神誕祭典、建醮等祭典活動。1960 年代開王殿信徒們曾
兩次浩浩蕩蕩到北門南鯤鯓代天府刈香，以及地方遶境，但是之後
再也沒有辦過，不過絲毫不影響人氣，主因是長年的問事活動成功
匯集人氣，信徒也認為神明的靈力足夠，不需要再到北門去「謁祖刈
香」，甚至連有外來的廟宇辦活動前來「交陪」，經營者也意興闌珊。
張鶴鐘說：「別的廟遶境來到這裡會放香條，開王殿應該要擺香案送
禮，不過管理人不理會，之後別的廟就不來。」[7] 1960 至 1980 年代的
風光，使得開王殿主事者忽略與鄰近廟宇的交流。

　　主委暗示當年經營者治理不善，導致隨著董事們年紀增長，添油
香的錢少了，除了神明誕辰的慶祝活動，如放電影、演歌仔戲陸續取

5　報導人張淑梅，訪談日期：2015 年 4 月 25 日，未刊稿。

6　報導人張鶴鐘，訪談日期：2014 年 7 月 27 日，未刊稿。

7　報導人張鶴鐘，訪談日期：2014 年 7 月 27 日，未刊稿。

消外，連每年在三佛祖誕辰期間盛大舉行的「三朝祈安清醮」都停辦了。主委語帶無奈地說：

> 乩童那時還有在問事，但是董事沒人出錢，神明聖誕沒辦了，也沒有建醮熱鬧了，只有我們兄弟姊妹有辦建醮兩次，是為折壽十二年給爸媽而辦。很少人在捐錢了，記得他們最後辦約在民國 75 年。[8]

經營者停辦祭典活動，無法繼續匯集人氣，少數信徒只好自己辦「熱鬧」（見相 4-2），除了主委，阿殿伯也是類似的做法，他說：

相 4-2　1992 年開王殿辦理觀音三佛祖聖誕建醮祭典
資料來源：張淑梅提供。

8　報導人張鶴鐘，訪談日期：2014 年 7 月 27 日，未刊稿。

　　最早佛祖「復興」時是每年都辦（按：指佛祖聖誕及建
醮），只是東西多和少而已。後來他們在扶沒在辦，我們只好
出錢硬撐自己來辦，都是我們親戚自己招，只要想到有事情
要報答佛祖就會辦。[9]

沒有乩童的問事活動，信徒還能改以擲筊求神，畢竟心誠則靈。但是
沒有祭典活動來凝聚認同，怎麼奉獻心意？想添油香奉獻具體心意，
卻又對經營者不放心，才演變成自力辦理活動。沒有信徒的奉獻，加
上沒有熱鬧的祭典，開王殿明顯人氣不再。

　　早年中都地區相對於市區是個落後的、封閉的區域，當廟宇不是
矗立在大馬路旁，只是隱身於一片低矮的民宅中，又沒有富麗堂皇的
建築外觀，當沒有大型宗教信仰活動，勢必無法有效組織起一個生產
靈力的團體。人氣消退，靈力不再，開王殿於 1980 年代末陷入空前
的低潮。每當報導人回憶這段歷程，複雜、惋惜、不悅的感嘆，總在
對當年經營者的批評言語裡表露無遺。

三、人謀不臧，不健全的管理制度

　　人稱「哈瑪星大廟」的高雄代天宮，建廟背景與開王殿相似。同
是由至高雄謀生的移民在生活較為穩定後合力籌建，供奉的主祀神明
也都有分靈自北門南鯤鯓代天府的五府王爺，但是哈瑪星代天宮香火
鼎盛，成為地方大廟，開王殿卻命運多舛。

　　哈瑪星的工、商、漁業發達，代天宮的信徒生活較為穩定，能
夠順利籌資以建築氣勢宏偉的廟宇，爾後董事會又陸續增添委員及代

9　報導人黃佛擇，訪談日期：2014 年 12 月 10 日，未刊稿。

表，組織架構完整健全，若以靈力經濟的概念來說，就是此組織有能力為神明生產靈力。反觀開王殿，雖有正副董事、頭家爐主，卻因制度不全，財務不透明，導致信徒流失。然而，開王殿的經營者也曾想過將廟宇擴大經營、蓋大廟。1955 年即來殿裡拜神問事的謝永安，他提到經營者曾想要買鄰近的北安殿土地，因為開王殿的土地是唐榮公司的，他說：

> 我從民國 44 年起都在這裡拜拜請教，記得以前有架設一塊看板說要建廟，我還寫一張會單來捐錢。他們想買北安殿的地，但是北安殿的地是唐榮的，唐榮才不會賣那塊地，我覺得當時廟應該去買後驛的地。[10]

北安殿的現任副主委也知道此事，他說因為北安殿的土地是唐榮公司的，以前常常有人通報市府來拆除，他說：

> 大概民國 50 幾年左右，是開王殿的人去通報，聽說他們自己怕以後被拆，所以想來買這塊地，而我們占住了他們不能買，所以當時拆除隊常常來拆，拆到都認識了。聽說後來開王殿的人因為投資問題而周轉不靈。[11]

只有土地使用權，而沒有所有權，讓開王殿的信徒擔心日後被迫拆遷，所以一直存有買土地蓋大廟的想法。例如 1973 年農曆四月二日，家住苓雅區的薛氏兄弟前來開王殿向佛祖呈「訴狀」請求幫忙，

10　報導人謝永安，訪談日期：2015 年 4 月 25 日，未刊稿。

11　報導人為北安殿副主委黃德茂，訪談日期：2015 年 5 月 17 日，未刊稿。

希望能藉由神明之力免除亡父在陰間受病之苦，其「訴狀」上寫到弟子願繼承亡父之志，願「捐公轎一頂及興建廟宇用水泥一百包，……有日開王殿重建廟宇時，不惜以微軀全力勸募基金，能完成亡父未完成之願。」紀錄簿上的記載顯示信徒懷有籌資蓋大廟的心願。

早年澎湖移民從家鄉帶來香火，再從「紙尪仔」提升到神像，繼有北門移民請來分靈自家鄉代天府的王爺神像，之後窯工信徒們在神諭下於磚窯廠區內選定廟址，並以磚窯廠生產的紅磚為材料興建新廟，信徒紛紛於工餘時貢獻勞力擔任粗工，協助搬運建材，終於1947年完工奉請神佛入龕安座，顯示「眾氣成神」，即集結眾人之力共同參與建廟。然而，在以金錢和勞力衡量靈力價值的過程中，地方頭人除了本身已具有良好之社會能力，更需付出比一般人更大的金錢或勞力貢獻，才能夠在廟務管理上掌握較大的權力。[12] 可惜的是，由於掌權者的財務管理問題，造成信徒對他們的不信任，甚至還有經營者對廟宇存有「私廟」的想法，以致於買土地蓋大廟這種可以表現對神明誠心的具體心意，信徒也心存疑慮，因而延宕購置土地，錯失廟宇轉型的時機，以致今日開王殿陷於困窘之境。儘管開王殿是中都歷史最早的廟宇，在當地深具影響力，寺廟登記表上是註明「募建」而非「私建」，但是長年以來形同「私廟」的經營方式，一直讓信徒詬病，是導致開王殿香火衰微的原因之一。

俗諺說：「人要妝，神要抬」，從上述開王殿歷經的黑暗期，如停辦問事活動、建醮儀式到經營管理不善，顯示神明的確要有人去抬

---

12 陳緯華，〈靈力經濟與社會再生產：清代彰化平原民間信仰與地方社會的形成〉，頁61-64。

轎、去努力幫祂經營，才會具有靈力，反之可能衰微。這也說明了人在靈力的生產上扮演著重要的角色，靈力並非恆久不變的靜態現象。

四、外在危機出現

開王殿因上述諸多內部人為因素，導致廟宇香火不興、人氣不再，多年的疏於管理也導致周遭環境的雜亂（見相4-3），外部環境的影響也是造成開王殿進入黑暗期的原因之一。誠如第二章提及的合板等木材業，其因愛河水利而興起，也因愛河被政府禁止運輸原木而沒落。1980年代合板產業外移，愛河邊的木業盛況逐漸消失。[13] 另

相 4-3　2001 年開王殿環境雜亂的景象
資料來源：楊菱三提供。

13　高雄市政府工務局中都濕地公園，〈中都歷史散步〉。資料檢索日期：2014年 12 月 27 日。網址：http://pwbgis.kcg.gov.tw/zhongdu1/02.html。

外，中都最大的工業單位唐榮磚窯廠，1967 年之後因紅磚市場競爭激烈且原料取得困難，同年張耕山任廠長期間，拆除一號霍夫曼窯，並聘請外國技師興建倒焰窯，改生產爐壁、爐蓋、取鍋等各種高級耐火磚。1977 年經董事會通過改名為「耐火材料廠」，1979 年更興建 80 公尺長的隧道窯，從原料土坯拌合處理、粗坯擠壓成型切割、疊胚至耐火磚燒成，皆由電動機械控制，人工需求不若紅磚製造。1984 年精簡組織併入不鏽鋼廠煉鋼組，獲利逐年減少，也因工資高漲與新式建材的發展，1985 年停止生產紅磚，停燒霍夫曼窯與倒焰窯，主要以生產耐火材料為主，[14] 此時磚廠開始大量裁員，員工僅剩約五十多人。[15] 1992 年全面停工，讓中都的工業區型態正式走入歷史。合板業的沒落與磚窯廠的停工，使中都北區三里更加蕭條。

由移民窯工草創於工寮的開王殿，見證從日治時期臺灣煉瓦株式會社高雄工場到戰後高度營運的唐榮磚窯廠時期，以及磚窯廠後期不敵時代變遷的洪流，營運逐年走下坡，最後關廠停工。以窯工為主要信徒的開王殿，受到磚窯廠減產、裁員的影響，也同與磚窯廠結束其輝煌時代。磚窯廠營運的起落與開王殿的興衰息息相關，也說明開王殿與磚窯廠「共生」依存的高度連結關係。

另外，還有一更大的外在危機。擁有中都眾多土地的唐榮公司，著眼於廣大的土地開發價值，1984 年向市政府提出變更中都地區所有土地都市計劃之申請，期能將工業區變更為住宅用地，並籌建經貿

14　財團法人成大研究發展基金會，《台灣煉瓦會社打狗工場——中都唐榮磚窯廠調查研究及修復計畫》，頁 3-22-3-35。

15　陳淑端，〈空間與地方文化燒製——高雄城市文化脈絡下的唐榮磚窯廠〉，頁 91。

相 4-4　早期開王殿前的磚窯廠景觀
資料來源：黃世民提供。

相 4-5　1967 年間唐榮磚窯廠的精神標語
資料來源：黃曾瑞月提供。

商業區。此計畫歷經十二年審議，1996年6月25日市府都市計劃委員會決議「原則同意其整體開發構想」。[16] 2002年9月起，高雄市文化愛河協會聯合多個文史生態社團連署陳情，爭取保留唐榮磚窯廠，2003年在新成立的文化局主導下，市府保留唐榮磚窯廠內殘存之一座八卦窯及二支磚造煙囪等窯業建物，並通過以「台灣煉瓦會社打狗工場——中都唐榮磚窯廠」為名指定為市定古蹟。2005年3月11日由內政部公告提升為國定古蹟，重新界址古蹟涵蓋範圍，保存區範圍達2.27公頃，為高雄市「國定古蹟」之首例，也是全國首見以磚窯廠

相4-6　滿地廢棄磚頭的唐榮磚窯廠景觀
資料來源：蔡高明，〈無人問津的廢磚窯場〉，拍攝時間不詳。高雄市立歷史博物館典藏，登錄號：KH2015.005.222。

16　高雄市政府都市發展局，〈變更高雄市原都市計畫區（三民區部分）中都地區工業區及第四十二期重劃區主要計畫案（第二階段）〉（高雄市：高雄市政府都市發展局，2009），頁14-17。

此工業遺跡為保存對象的古蹟建築群。遺憾的是，古蹟保存的範圍區域無涵蓋聚落與開王殿，在地人士也無此文化保存的認知及概念。緊接而來新一波更大的危機，即是市府規劃中都地區的市地重劃，使開王殿與同在重劃區中的工業聚落面臨相同的拆除命運。相對於市府，弱勢的信徒們幾無發言權，現在除了面對失去家園，還得憂心神明未來的去處。開王殿正面臨權力介入的地方瓦解。

回顧第二章所陳述的中都工業歷史脈絡，我們知道中都地區最早的聚落形態，全都是依附磚窯廠而產生的，戰後在開王殿遷建後，廟宇周圍也慢慢形成一個小型聚落，但因後來磚窯廠的改制、停工導致居民們轉換工作，早年來臺的澎湖移民逐漸搬離，不過也陸續搬進不少來自其他地區的「出外人」，大部分以打零工、做生意維生。另外，戰後在紅磚事務所旁的廠長宿舍也住了約十戶居民，曾任八卦窯燒窯師父的蔡爽代與女兒曾住在事務所旁，他敘述過去這裡的居民都是在磚窯廠工作的人，還有人向唐榮公司買「權利」。他說：

> 以前唐榮要倒的時候有處理過（按：土地），有人有領所
> 有權，我沒有領到。以前要賣不是那麼容易，那是政府的，
> 現在唐榮賺錢不要賣了，這裡全是唐榮的。[17]

可見在 1962 年唐榮公司要改組成公營時，曾有少數居民得到土地所有權，但是大多數的住民想在此落地生根卻是困難重重，因為政府或唐榮公司並無賣地計畫。如前述，開王殿曾於 1960 年代欲向唐榮公司購地，以根本解決廟地問題，但也是與住民一樣，得到失敗的

17　轉引自財團法人成大研究發展基金會，《台灣煉瓦會社打狗工場——中都唐榮磚窯廠調查研究及修復計畫》，附錄一 1-9、1-10。

結果。相較於唐榮公司強大的主導權，曾經長時間付出勞力，支撐公司營運的底層勞工，在這場權力角逐中顯然位居下風。

時間再回溯到戰後，1945 年臺灣煉瓦株式會社由長官公署工礦處接收，1947 年臺灣省政府整合工礦處所轄 12 大公司，成立臺灣工礦公司，將高雄工場改稱「工礦公司高雄磚廠」，中都地區原屬日人的廠房、土地終戰後都收歸國有。1957 年再由唐傳宗以五百萬元標下高雄磚廠，其中包含 53 甲多的土地。[18] 其中土地的取得、轉賣，牽涉龐大的利益，權力始終都由國家／資本家掌握，但在此工業體系下的勞工平民，想購買土地所有權以獲得一安身立命之處，卻不得其門而入。反觀如第二章前述，由舊市府後方遷來，至「牛寮」的南側定居（約今日中都街 63 巷至 75 巷處）的住民卻可以向土地銀行購地建屋。可見，從國民政府來臺接收日產開始，當中的空間土地轉型正義有很多令人詬病之處，致使大部分居民只能望「地」興嘆，就算能力許可欲購地，也不知該如何去爭取，或該向誰申請。

據德西里里長林財旺說明，磚窯廠早年從國營企業變成民營企業，期間因為營運不佳又再被收編為國營企業，後來又上櫃釋股，邁向民營化，公司產權混亂，所以當唐榮公司於 1980 年代提出自辦都市計畫土地變更申請後，磚窯工與後代子孫們也搞不清楚要陳情的對象是誰。大約自 1990 年代開始，有一些可能面臨徵收的私人地主們開始了漫長的陳情之路，他們原先希望市府可以在中都興建一批新的房舍，優先讓原始居民承購，但是市府還是執意拆遷。

---

18 財團法人成大研究發展基金會，《台灣煉瓦會社打狗工場——中都唐榮磚窯廠調查研究及修復計畫》，頁 3-18 至 3-21。

接受陳情的市長歷經吳敦義、謝長廷、陳其邁（代理市長）、葉菊蘭（代理市長）和陳菊，還有不同黨派的立法委員和議員，但是仍然抵擋不住中都大規模的重劃計畫，只能眼睜睜地讓聚落就此走入歷史。[19]

土地重劃始於 1984 年唐榮公司向市府提出土地計劃變更的申請，計畫範圍包括九如三路、中峰街、中華橫路及力行路所圍範圍土地。此計畫歷經十二年審議，1996 年 6 月 25 日高雄市政府都市計畫委員會決議「原則同意本案整體開發構想」。此後，計畫經高雄市都委會、內政部都委會多次審議，因無法處理工業區遷廠事宜，最後由高雄市政府接手辦理開發。2006 年，市府規劃之第一階段中都重劃區與 42 期重劃區於高雄市都市計畫委員會第三一三次大會審議通過，因涉及原主要計畫之變更，2007 年再經內政部都市計畫委員會第六五三次會議審議通過。[20]

市府多次與地主唐榮鐵工廠公司溝通、協調，再透過一連串的市地重劃，試圖將中都地區由工業區蛻變重生，並延續美術館地區發展為高品質住宅區。除了創造土地價值，大幅改善工業區土地低度利用之窳陋景觀，也帶動中都一帶地區之繁榮發展。在市府新聞局出版的《鼓聲市府月刊》中，提到中都地區的開發有著以下的評論：

> ……在愛河陸續整頓之後，此區的荒廢景象更不利高
> 雄市觀光休閒的推展。為此，市政府透過土地重劃方式，在

---

19 周東森，〈中都唐榮磚窯廠的生態博物館建構——開王殿原址保存運動〉，頁 50。

20 高雄市政府都市發展局，〈變更高雄市原都市計畫區（三民區部分）中都地區工業區及第四十二期重劃區主要計畫案（第二階段）〉，頁 14-28。

跨局處的合作之下，讓中都大變身成為比美術館、農十六更具潛力的優質生活區，預估未來土地可大幅增值，創造至少300億元之土地價值。[21]

在觀光休閒的推展、優質生活區、創造土地價值等目標下，市府依據中都地區劃定第68、69期重劃區的行政命令，逐年開始進行住戶拆遷補償工作。因2003年聚落與開王殿沒有被市府劃定為古蹟保存區，2010年高雄市政府辦理當地住戶的拆遷補償作業後，逐步將聚落拆除完畢，開王殿因與周圍聚落同位於第69期市地重劃區「公六」的公園預定地上（見圖4-1），也面臨拆除的危機。2010年4月，殿旁約二十多戶的聚落已拆除，在推平聚落後的荒地上，徒留下這座孤單的廟宇（見相4-7、4-8）；2012年位於磚窯廠北側，最大面積的工寮聚落也悉數拆除。

相4-7　2010年開王殿外貌（一）
資料來源：陳淑媚提供。

相4-8　2010年開王殿外貌（二）
資料來源：陳淑媚提供。

21 〈市政要聞——中都大變身　土地重劃創造300億地值〉，《鼓聲市府月刊》，2010年4月刊。資料檢索日期：2015年6月6日。網址：http://kcginfo.kcg.gov.tw/Pub lish_Content.aspx?n=9223A12B5B31CB37&sms=DD102593FDB1A032&s=1272B608CD53F8D2。

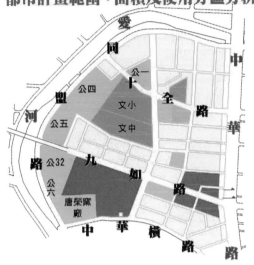

圖 4-1　中都地區都市計畫範圍、面積及使用分區圖

資料來源：高雄市政府新聞局，〈市政要聞——中都大變身，土地重劃創造
　　　　　300 億地值〉，《鼓聲市府月刊》，2010 年 4 月刊。資料檢索日期：
　　　　　2015 年 6 月 6 日。網址：http://kcginfo.kcg.gov.tw/Publish_Content.
　　　　　aspx?n=9223A12B5B31CB37&sms=DD102593FDB1A032&s=1272B
　　　　　608CD53F8D2。

說明：開王殿位於「公六」公園預定地區域。

　　儘管從 1999 年起，地方與中央即委託學術單位對於中都唐榮磚
窯廠進行各項研究調查及修復計畫，2004 年高雄市文化局委託財團
法人成大研究發展基金會完成《台灣煉瓦會社打狗工場——中都唐榮
磚窯廠調查研究及修復計畫》，當中的〈歷史研究〉篇章即對鄰近聚落
的歷史脈絡作初步的研究調查，提及最早依附磚窯廠形成的聚落為工

場北側的工寮區，而此區的澎湖移民在此創建開王殿；[22] 2007 年該基金會更完成《高雄市中都磚仔窯文化園區建置先期規劃計畫》，規劃磚窯區之內外部空間的使用，並提出文化園區的整體規劃構想及開發策略。但是規劃的磚仔窯文化園區卻排除工廠北側的工寮區，僅提及園區南側的牛車寮為中都舊聚落，具歷史價值。而本計畫將園區設置規劃為：磚仔窯公園、磚窯展示館、工藝產業中心三個方案，分階段進行，預計在第二階段將開王殿座落的「公六」區域開闢為文化園區的廣場公園，串連愛河水岸與特商區、保存區，作為園區遊憩活動的出入口，以及大眾運輸出入的活動廣場。[23] 在這個計畫當中，員工生活聚落無法在「中都磚仔窯文化園區」裡保有一席之地，相當可惜，如果除了工業生產的遺跡之外，能再加入聚落與磚窯工的信仰場域，磚窯廠的歷史文化意象將會更完整豐富。

　　日本的建築、環境或歷史背景，都與我們有相似之處，早於1975 年，日本政府即建立「傳統建築群保存地區」制度，其定義「傳統建築群」為「與周圍環境共同形成歷史性風致的具價值之傳統建築群」。將保存對象從單一的建築物，開展為保存聚落或市街，並且轉變過去由上而下的指定制度，先由專家學者進行歷史調查，同時帶動居民關心與深入瞭解聚落之價值，最終由地方自己建立願景、劃定保存地區，除了保存也思考如何兼顧居民實際生活之活用。1976 年妻籠宿即成為第一批被選定的保存對象，並成功證明此制度對地方振

22　財團法人成大研究發展基金會，《台灣煉瓦會社打狗工場——中都唐榮磚窯廠調查研究及修復計畫》，頁 3-45-3-47。

23　財團法人成大研究發展基金會，《高雄市中都磚仔窯文化園區建置先期規劃計畫》（高雄市：高雄市政府文化局，2007），頁 6-17、8-2。

興、發展觀光、提升生活環境、保存歷史文化層有直接助益。[24] 反觀中都磚窯廠，儘管研究單位已完成相關歷史文化的調查，也規劃「中都磚仔窯文化園區」的建置計畫，計畫中建議磚仔窯文化園區不侷限在劃定之園區範圍，應將中都地區與居民一同納入成為文化園區元素之一，文化園區與社區共生，營造出以「環境博物館」方式呈現的磚仔窯文化園區。[25] 但是官方單位的做法仍未能全面以「生活生態圈」為原則，從整體性、有機性、活體式的方向思考，去喚起居民對周遭環境的重新認識，進而帶動當地聚落居民的文化保存概念，將居民的生活方式與社會關係一併保存。

中都地區文化保存與土地開發的拉鋸戰，結果顯然後者占了上風。原居住於中都磚窯廠周邊聚落的住民，面對家園的拆遷，儘管難過不捨，也只能坦然面對，對於同樣迫遷的開王殿，失去居住權的他們也無力去爭取保存，甚至，不知道該如何去爭取。有傳言指出，部分視開王殿為「私廟」的黃龍墜家族後代，曾有接受拆遷補助的意願。黃清海的兒子黃禎順說：

> 當時我有放風聲，廟拆遷後看家族裡誰要領補助我都不反對，但是一定要安頓好神明，全部神明都要請回去拜，不能只請一尊，還有廟裡的香爐、桌子、佛祖收妖的甕仔都要。結果沒有人敢動。[26]

24　王惠君，〈文化資產保存制度中聚落調查之定位與內涵分析──以日本妻籠宿為例〉，《文化資產保存學刊》，4（2008），頁 64-71。

25　財團法人成大研究發展基金會，《高雄市中都磚仔窯文化園區建置先期規劃計畫》，頁 7-39。

26　報導人黃禎順為藥師黃清海的兒子，訪談日期：2014 年 8 月 2 日，未刊稿。

　　可能黃家後代一時也不知道如何安置這些神明，且按照 1964 年
殿方填報的〈寺廟登記表〉登載，開王殿是屬於「募建」的公廟，所以
一直沒有黃家的後代出面領取補助款。而沒有組織的信徒此時也群龍
無首，儘管心情焦急與無奈，卻只能祈求祂不要受到和家園相同的拆
除命運。且對於原本就處於弱勢的住民，公共事務只能求助於地方民
意代表，但是經歷幾次的陳情請託，都是石沉大海，沒有獲得市府的
具體回應。黃清水的兒子黃文樂，仍然每天到殿裡上香祈福，且持續
尋求外界幫忙，除了期待神蹟發生，更希望能找到有力人士介入，使
廟宇保存下來，讓神明重新展現沉寂已久的靈力。

第二節　文化保存運動的開展

　　居住於三民區五十多年的區公所調解委員會委員劉明泰，因熟識
川東里里長，所以瞭解中都地區的環境，知道這裡有座歷史悠久的小
廟，他在 2010 年發現這裡的工寮聚落已被拆除，只剩下一座孤單的
開王殿座落於此，他與太太兩人走入殿裡關心情況，聽到管理人提到
廟宇即將被拆，十分訝異，他說：

> 我不知道廟怎麼變成這樣，這座廟很有文化價值，不能
> 放任被拆。全臺灣公園裡有廟的例子很多，應該要發動這裡
> 的人，組成管理委員會才對。後來我跟廟裡的阿伯說，我去
> 找三民區區長，透過區長請民政局來開會，你們也要有代表
> 來區公所開會才行。[27]

27　報導人為三民區調解委員會委員劉明泰，訪談日期：2014 年 8 月 9 日，未
　　刊稿。

　　在他的安排下，當年的 8 月 11 日，由民政局副局長許群英在三民區公所召開協調會議，除了有民政局、區公所代表與會，開王殿也有包含阿殿伯在內的六名代表參加。會議上開王殿出具一份 48 人連署的名冊，推選開王殿暫代管理人，並決議儘速將信徒造冊、訂定後續組織章程及改選負責人。

　　同年 4 月間，國立高雄應用科技大學文化創意研究所助理教授楊雅玲帶領學生們進入中都地區，在田調的過程中，德西里里長林財旺為了讓學生更了解中都的歷史，帶著楊雅玲跟學生去找開王殿的阿殿伯，訪談過程中，阿殿伯提起他們的老廟開王殿要被拆除了，希望她可以幫忙跟市府協調，看能不能保留下來。當時開王殿周邊的聚落約二、三十戶已經全部拆除，只剩下看起來有點昏暗，正等待被拆除的開王殿。她深恐第一代磚窯工的百年聚落地景即將迅速崩解，開始著手進行訪談與攝影紀錄，也答應阿殿伯會協助保存開王殿，她提到：

　　　　在我進入中都地區之後，發現推土機每天都「埋頭苦幹」，地景也每天的變化中。同時我在訪談老磚窯工黃佛擇（阿殿伯）時，獲悉第一代磚窯工們集資興建的聚落信仰中心「開王殿」也面臨何去何從的困境。所以，決定帶著攝影機先進去把殘存的聚落地景拍攝下來。我邀請了莊榮華從臺南南下，看看他是否可以幫忙。我們一邊拍攝聚落，一邊協助開王殿的信徒們搶救這間小廟。[28]

28　〈消失的「高雄」〉。本文是楊雅玲於 2011 台灣社會研究學會年會「碰撞・新生：理論與實踐『踹共』」發表的論文，頁 15-16。資料檢索日期：2019 年 9 月 18 日。網址：http://cc.shu.edu.tw/~atss1/Seminar/20111005/E1-1.pdf。

　　在導演莊榮華剛南下拍攝聚落與開王殿的影像時，發生一段「神明顯靈」的插曲，楊雅玲說：

　　　　莊榮華在第一天拍攝完開王殿外觀的影像，也跟阿殿伯還有當時還在廟裡幫忙的其他阿伯做了一小段的訪談後。榮華回臺南後，我想再跟他約拍攝時間，他跟我說他感冒發燒了，後來連續發燒了兩三天。有一天早上他打電話給我，說他從臺南開車來開王殿了！說他發生神奇的事情。我趕去開王殿跟他會合，他跟我說昨天晚上他還在發燒，睡著之後有「人」來找他，但是他只聽到聲音，沒看到相貌，跟他說「我三媽！」，他雖然沒聽過「三媽」，但是隱約知道這可能是神明，他就回答「我在發燒！」，然後感覺有手按在他的額頭，他就醒過來了，他發現他好像退燒了，想起來這會不會是開王殿的神明呢？所以他隔天一早就開車來開王殿，跟阿殿伯詢問後，才知道開王殿的三觀音佛祖的暱稱就是「三媽」！[29]

　　經歷此「神蹟」後，莊榮華就主動要求要拍攝開王殿紀錄片。楊雅玲先與文藻外語大學的李宇軒助理教授合作，參與〈國科會數位典藏計畫──「老高雄文化行動紀錄」〉，獲得小額補助，同時以〈高雄市工業史的拼圖──重返中都紀錄片計畫書〉向「2010信義房屋社區一家幸福行動計畫」提案徵選，獲得十萬元補助，使紀錄片得以順利拍攝。

---

29 報導人楊雅玲，國立高雄科技大學文化創意產業學系副教授，訪談日期：2015年6月23日，未刊稿。

　　而楊雅玲在知道保存工業聚落地景無望後，轉而開始將保存的目標轉向開王殿，她決定發起「開王殿原址保存」運動，號召更多學界、文化界的朋友一起加入，她說：

　　　　拍攝工作進行時，我們團隊研究了聚落的保存方式毫無管道可以疏通，因為聚落原本就分散在好幾塊的基地上，而且多數的房子已經坍塌或人去樓空，根本無法依循「文化資產保存」的審議程序與標準走。最後，我們只好選擇「開王殿」的保存作為自力救濟的唯一標的物，如果不能保留他們的「家園」，起碼保留他們的「家園象徵」。除了拍攝，我們也開始組織「開王殿」的磚窯工、搬運工後代的信徒，進行民意代表的遊說，還有提請、報備「歷史建築登錄」的審議準備工作。每次訪談不同對象時，講到「開王殿」對他們的意義，最後就是淚流滿面收場。[30]

　　楊雅玲擔負起保存運動火車頭的角色，帶領學生、信徒進行一連串的保存運動。而藝術家陳淑媚老師是另一位全心投入保存運動的靈魂人物，她於 1993 年遷居中都，擅長創作以牛為主題的繪畫及雕塑品，以前不曾到過開王殿的她，參與協助保存的緣由也帶了點靈力的色彩，她說：

---

30 〈消失的「高雄」〉。本文是楊雅玲於 2011 台灣社會研究學會年會「碰撞·新生：理論與實踐『踹共』」發表的論文，頁 16。資料檢索日期：2019 年 9 月 18 日。網址：http://cc.shu.edu.tw /~atss1/Seminar/20111005/E1-1.pdf。

　　2010 年底快要元旦放假時，有一天出來遛狗，狗跑到廟旁，我大概二十年從來沒進來這裡，因為這裡環境不太好，還有人在賭博。當時廟是黃文樂、黃世民（按：黃清水的兒子）在顧，他叫了一聲：「陳老師」，我們以前都太不認識。他請我幫忙廟不要被拆，我以前是從來不接觸神明的，但是我答應他們，從先幫忙他們成立臨時管委會開始。[31]

　　儘管近二十年來因管理上的問題，導致開王殿靈力的衰敗、香火的稀微，血脈相傳的黃家後代管理人仍對廟宇即將被拆感到徬徨與難過，畢竟這是他們認知的「家廟」，是上溯到日治時代爺爺黃龍墜所留下來的信仰，萬一需要拆遷，眾神明的安置對他們而言會是一大難題，所以他們感受到的危機也最強烈，也成為一開始最積極尋找外力幫忙的信徒。

　　黃家的後代因緣際會尋覓到楊雅玲與陳淑媚兩人，他們認為這是神明的旨意，而保存運動也在她們的引領之下，像是撕開了開王殿沉寂數十年的「靈力」封印般，迅速展開，開王殿的未來自此出現一道曙光。

一、保存運動的策略

　　楊雅玲是保存運動的關鍵人物，深具文化保存意識與使命感，她與莊榮華在拍攝開王殿紀錄片的過程中，常一邊看著高聳的磚窯廠煙囪，一邊思考市長表述的「城市美學」為何？誰來決定什麼該拆、什麼該保留？她說：

31　報導人為藝術家陳淑媚老師，訪談日期：2014 年 7 月 30 日，未刊稿。

　　磚窯工的第二代代表、80 幾歲的阿殿伯說他的「阿母」
是第一代的女磚窯工，為唐榮做牛做馬，市府跟唐榮要拆他
們的房子，他們也知道不走不行，但是也要逼著神明「流落
街頭」嗎？我跟榮華在拍攝空檔坐在開王殿前休息時，榮華
有感而發：「『你』憑什麼決定『我』要消失？」

　　如果市府保存了磚窯廠，並指定為國定古蹟，那麼緊鄰磚窯廠，
象徵勞工信仰的開王殿，為何該面臨拆除的命運？2011 年她與陳淑媚
主導向文化局申請登錄開王殿為歷史建築，楊雅玲在提請審議時提到：

　　基於工業聚落地景已逐漸消逝，「中都文化園區」將徒具
形式，因此邀集學者與文化界人士，整合磚窯工與磚窯工後
代的力量，發起「開王殿陳情現址保存運動」，希望讓當時勞
動者生活與記憶等無形的資產能夠陸續的出土，以充實「中
都唐榮磚窯廠」國定古蹟背後豐富的工業文化。[32]

　　換言之，楊雅玲答應信徒協助保存開王殿的原因，除了感受到信
徒對廟宇被迫拆遷的不捨外，還包括對開王殿與磚窯廠「共生」關係
的體認，她認為磚窯產業文化除了國定古蹟磚窯廠的建物，應包含象
徵勞動者記憶的開王殿，才能完整共構「中都文化園區」。基於此保
存理念，楊雅玲擬定保存行動策略，負責運動過程中對外部的溝通與
聯絡，並在陳淑媚與信徒的協助執行下，展開一連串的開王殿文化保
存運動。筆者整理出五項保存運動的策略，分項敘述如下：

---

32 開王殿管理委員會，〈中都開王殿提請審議歷史建築參考資料〉（2011），
　　未刊稿。

(一)利用傳播媒體

最初的保存運動是先透過影像的紀錄與論述，再利用各種傳播媒體迅速地傳遞資訊，網路無遠弗屆的傳播特性，能引起更多人的關注與共鳴，進而投入保存運動。幾項利用傳媒傳播的保存行動如下：

1.拍攝紀錄片

2010年5月楊雅玲組成紀錄片拍攝團隊（見相4-9），同年8月以〈高雄市工業史的拼圖——重返中都紀錄片計畫書〉向「2010信義房屋社區一家幸福行動計畫」提案徵選，獲得十萬元補助，得以順利進行拍攝。紀錄片完成後，隨即進行校園巡迴放映講座，陸續在獅甲國中、文藻外語大學、國立臺南藝術大學、國立高雄應用科技大學等校巡迴放映。

相4-9　拍攝紀錄片
資料來源：周東森拍攝（2011年8月9日）。

2. 參與「老高雄文化行動紀錄」

2010 年 10 月楊雅玲的團隊參與〈國科會數位典藏計畫——「老高雄文化行動紀錄」〉，獲得拍片經費的小額補助，呈現於網站上的主要內容是關於中都地區的聚落、磚窯廠以及開王殿保存運動的影像紀錄。[33]

3. 公共電視「我們的島」專題節目

2011 年 4 月，公共電視《我們的島》專題節目製作小組前來高雄拍攝「留下浮光掠影」專題（見相 4-10），探討目前高雄市文化資產保存所面臨的困境，專題特別於開王殿內專訪楊雅玲與當時的管理人黃

相 4-10　公共電視拍攝《我們的島》專題節目
資料來源：周東森拍攝（2011 年 4 月 27 日）。

---

33 影像紀錄放置於「老高雄文化行動紀錄」網站「中都地區篇」，資料檢索日期：2011 年 7 月 10 日。網址 http://kaohsiungactivism.com/keywords/%E4%B8%AD%E9%83%BD%E5%9C%B0%E5%8D%80。

文樂，以十分鐘的篇幅說明開王殿保存運動的始末，節目於同年 5 月於公共電視首播，7 月上傳於公共電視的 YouTube 網站上。

4. 臉書上成立「開王殿青年志工團」粉絲團

2011 年磚窯工信徒後代在臉書上組成「開王殿青年志工團」粉絲專頁，成員多數在年幼時曾受到神明的靈力庇佑，如團長陳長申描述自己兒時曾高燒陷入昏迷，被外婆帶來廟裡拜拜後，竟迅速恢復意識，令人嘖嘖稱奇。因此他們希望藉由年輕人喜愛的網路社群，讓更多人認識開王殿，為保存運動注入更多力量。

5. 平面與電視媒體報導

2011 年 8 月中國時報記者林宏聰應楊雅玲之邀，採訪由磚窯工後代陳長申組織的「開王殿青年團」，當天青年團成員齊聚一堂，說明他們在臉書成立「開王殿青年志工團」的緣由，也表達捍衛開王殿的決心（見相 4-11）。保存運動的專題報導隨即於當月 19 日在中國時報上刊出，中時電子報也同步刊登，[34] 網路上的各文史社團也迅速轉載此則報導。另外，2015 年 7 月中國時報記者林宏聰於開王殿廟埕採訪筆者，並於當月 30 日在中國時報刊出標題為〈莊文韋穿越時空見證開王殿史〉的報導。[35] 緊接著台視記者王柔婷，也到開王殿採訪筆者與信徒，並於 7 月 31 日播出新聞影片（見相 4-12）。

34　林宏聰，〈捍衛開王殿　粉絲團串連壯聲勢〉，《中時電子報》。資料檢索日期：2011 年 8 月 19 日。網址：https://www.chinatimes.com/newspapers/20110819000528-260107?chdtv。

35　林宏聰、周綾昀，〈莊文韋穿越時空　見證開王殿史〉，《中時電子報》。資料檢索日期：2015 年 7 月 30 日。網址：http://www.chinatime s.com/newspapers/20150730000636-260107。

相 4-11　開王殿青年志工團

資料來源：中國時報記者林宏聰提供（原刊於《中國時報》2011
　　　　　年 8 月 19 日）。

相 4-12　台視記者採訪阿殿伯

資料來源：莊文韋拍攝（2015 年 7 月 31 日）。

（二）爭取登錄文化資產

陳淑媚在爭取將開王殿登錄為文資的行動中，扮演非常關鍵的角色。她在 2010 年底答應管理人黃文樂幫忙保存工作後，即刻放下手邊的藝術創作，協助信徒在 2011 年 1 月 16 日成立「臨時管理委員會」，並根據委員會當天的決議，在 1 月底代表向市政府文化局提報，申請認定開王殿是否具備文化資產保存價值。

除了楊雅玲的團隊透過與信徒的訪談，整理出開王殿的歷史輪廓外，因為辦理藝術展覽而與文化局熟稔的陳淑媚，一面處理申請文資審議的文書作業，一面還持續向信徒們徵求磚窯廠與開王殿的老照片與文物，剛開始也因為與當地信徒不熟悉，甚至連很多信徒彼此都不認識，所以遇到不少困難，自嘲自己是「校長兼撞鐘」，回憶起當時申請過程的艱辛，她說：

> 那時候跟大家都不熟，而且總務兼廟公，自己半年都沒畫一張圖，除了用電腦製作帆布、做文資委員會資料，還有做名牌⋯⋯。我和文化局很熟，自己上文化局網站寫申請文資表格，提報文資審查資料是都是我自己送⋯⋯。之後成立臨時管委會後我就開始蒐集舊照片，因為一般人去要照片別人不會給，所以我藉神明的力量，聲稱要收舊照片才能讓廟不會被拆，陸續去拜訪聊天或利用廟熱鬧的時候問來的老信徒有無舊照片？[36]

---

36 報導人陳淑媚，訪談日期：2014 年 7 月 30 日，未刊稿。

　　2011 年 3 月 16 日文化局官員會同文資委員前來開王殿進行會勘審查（見相 4-13）。現場參與的信徒大約有三十幾位，還有前來聲援的學生與文化人士。磚窯工的第二、三代信徒向專案小組詳述廟史，也希望「開王殿原址保存」，並重新納入未來「公六」的設計，朝向磚窯工信仰中心主題公園發展。[37] 不過文化局此次會勘的決議雖然肯定開王殿為中都磚窯廠周邊聚落信仰中心之一，具有凝聚居民意識及反映生活情感之功能，惟其建築本體歷經多次修繕，原有風貌已不復見，構成文資登錄審查之要件並不充足。[38] 原本寄望能因開王殿被登錄為文資而免於被拆除的保存運動者與信徒們，轉而向高雄市議會議

相 4-13　文資委員於現場會勘審查
資料來源：周東森拍攝（2011 年 3 月 16 日）。

37　周東森，〈中都唐榮磚窯廠的生態博物館建構──開王殿原址保存運動〉，
　　頁 73。

38　〈本市 69 期重劃區內開王殿會勘記錄〉。高雄市政府文化局公函，日期：
　　2011 年 4 月 7 日，發文字號：高市四維文資字第 1000004756 號。

長辦公室陳情。5月11日議長秘書召集各相關局處,於開王殿辦理「第69期重劃區『開王殿』保留原廟會勘」(見相4-14),這一次自動前來聲援的信徒已經增加到六十位,會議結論是請文化局再依廟方、信眾及文史工作者提供之各項資料,予以重新審議。[39]

　　為了文化局的二度會勘審查,陳淑媚更積極地蒐集老照片、文物,強化開王殿做為早年磚窯工重要的信仰中心的見證,以呈現更多有利於登錄歷史建築的文史資料。陳淑媚獲得珍貴史料的過程夾雜著神蹟式的色彩,她說:

　　　　文化局第二次要來,我跟楊教授說我們只有舊照片沒有文物,後來她跟神明祈求,說如果沒有文物該如何審查?過不久,有一次我在家畫圖畫到一半,下來跟大樓附近的雜貨店老闆黃祺順(按:藥師黃清海的兒子)聊天,黃家家族常會群聚在此。當時黃世民(按:桌頭黃清水的兒子)就拿出用

相4-14　議長秘書召開「開王殿保留會勘」會議
資料來源:陳淑媚提供。

---

39 〈第69期重劃區開王殿保留原廟會勘記錄〉。高雄市議會議長辦公室公函,日期:2011年5月23日,發文字號:崑字第1000523號。

塑膠袋包著的六本《問事紀錄簿》，說只剩這六本問我需不需要。我如獲至寶，我還問有無舊照片，他也拿一疊關於廟的照片給我。[40]

可見本來信徒沒有保存文獻的觀念，但是在陳淑媚等人的引領下，也知道這些歷史文本的重要性，8月24日他們把苦心蒐集到大小神轎、六本紀錄簿、關於磚窯廠的文獻等文物一字排開，讓文化局的文資委員於現場會勘（見相4-15、4-16），文資委員隨後也在局裡召開「開王殿申請登錄歷史建築審議案」，與會代表張鶴鐘與楊雅玲發言力爭保存，說明若開王殿登錄為歷史建築後，管委會將會負責周邊環境的整理及自力出資整修建物，並提出在這塊公園預定地設置「藥草園」的構想，呼應神明的慈悲救世、醫療神蹟，也讓窯工信

相4-15　文資委員第二次於現場會勘審查
資料來源：周東森拍攝（2011年8月24日）。

相4-16　文資委員第二次於現場會勘審查，信徒於桌面擺放之文物
資料來源：陳淑媚提供。

40　報導人陳淑媚，訪談日期：2014年7月30日，未刊稿。

仰中心開王殿與「中都磚窯文化園區」搭配，創造雙贏局面。但是會議結論仍與前次相同，因其建築本體歷經多次修繕，原有風貌已不復見，不予登錄為歷史建築，但建議重劃開發單位（地政局）朝主題公園規劃，創造既能讓土地重劃進行施作，且地方歷史文化與信仰亦能獲得保留之雙贏政策。[41]

相 4-17　第一屆開王殿管理委員會成立，立委管碧玲現場致詞
資料來源：陳淑媚提供。

（三）成立管理委員會

因為爭取登錄文資的實際行動已引起社區間居民的口耳相傳，以及各界的持續關注，為了提升「開王殿原址保存」運動的能量，凝聚舊信徒們的向心力，並擴大新信徒的參與面，保存運動者與信徒們決議成立正式的「管理委員會」。

相 4-18　第一屆開王殿管理委員會成立
資料來源：陳淑媚提供。

---

41 〈100年高雄市古蹟歷史建築聚落文化景觀審議會第2次會議記錄〉。高雄市政府公函，日期：2011年9月7日，發文字號：高市四維文資字第1000099261號。

　　2011 年 7 月 15 日，也是農曆六月十五日三佛祖佛誕的大日子，
殿方特別選在這別具意義的一天正式成立第一屆管理委員會（見相
4-17、4-18）除了請道長舉行早年傳統的建醮儀式，也邀集回來參與
儀式活動的眾多信徒共同見證管委會的成立，並藉此匯集眾人的力量
（見相 4-19）。

　　為了避免重蹈以前由少數管理人掌控，導致經營不善、靈力衰敗
的覆轍，在參考其他廟宇的制度後，委員人選的產生方式決定採取神
權式的人事制度，即讓有志擔任委員的信徒在神明面前擲筊，由聖筊
的多寡來排列名次，最多者榮任主任委員，其他人擔任委員，此方式
能避免人為操作，雖然帶點神話色彩，但倒是十分公平，各憑運氣，
且由神明指定的人選，也能讓信徒心服。

相 4-19　2011 年 7 月 15 日信徒參與祭典儀式
資料來源：陳淑媚提供。

相 4-20　第三屆管理委員與信眾
資料來源：莊文韋拍攝（2016 年 6 月 19 日）。
說明：前排坐者右四為主委張鶴鐘，右三為阿殿伯。

相 4-21　第四屆管理委員與信眾
資料來源：開王殿管理委員會提供（2018 年 8 月 18 日）。

在眾人的見證下，當日共選出 11 位管理委員與五位監察委員，並由管委中連續擲出最多聖杯的張鶴鐘擔任第一屆主任委員，委員名單中也有多位新信徒或保存運動者。管委會的成立除了讓廟務推動更具有合法性，也有一個對外的正式發言窗口，畢竟開王殿是登記有案，領有「寺廟登記證」的廟宇。同時在會中委員們逐條審議，通過「開王殿組織章程」，讓未來一切行政事務可以依照規定辦理，降低人為影響的因素，同時受主管機關民政局之指導與監督。

（四）尋求各方政治力量的支持

在文資或文化保存運動過程中，因經歷的場域層次多，且各方的觀點不盡相同，儘管訴求的議題是「文化的價值」，但是過程卻是各方政治力量的衝突或合作，具有高度的政治性格。

從一開始面臨拆除危機時，管理人求助於地方里長、調解委員、市議員，尋求任何的保存之道，到成立臨時管理委員會之後，有信徒透過關係向高雄市議會議長許崑源陳情，再由議長辦公室召集市政府各相關局處於開王殿召開協調會，莫不是政治力量的展現。此外，管委會代表與楊雅玲等人尋求立法委員管碧玲的協助，因管碧玲於擔任高雄市文化局長時期，曾大力協助中都磚窯廠登錄為市定古蹟，對文化資產的保存甚為重

相 4-22　管碧玲出席平安宴
資料來源：莊文韋拍攝（2014 年 7 月 11 日）。

相 4-23　管碧玲參與廟方活動並上臺致詞
資料來源：莊文韋拍攝（2015 年 7 月 30 日）。

視，所以當第一屆開王殿管理委員會成立時，管碧玲委員辦公室主任許陽明全程參與會議過程，管碧玲也親自到場致詞，並多次出席廟方舉辦的三佛祖聖誕平安宴，鼓勵在場的信徒，亦承諾願意協助後續爭取保存的協商事宜（見相 4-22、4-23）。

　　在官方的立場上，不論是文資審查的會議，或議長辦公室召開的保留原廟會勘會議，地政局的代表始終堅持開王殿因位於 69 期重劃區內，若經認定非為古蹟，依現行重劃法令相關規定，牴觸或妨礙工程需拆遷補償，將在整地後交予市府養工處接管維護。都發局則在第二次文資大會後發公函，說明既然文化局不予登錄為歷史建築，則依據文資法與都市計畫相關規定，開王殿較不具劃設為保存區之必要性。因為官方的態度不甚友善，信徒擔心他們隨時會來拆除廟宇，所以 2012 年 2 月，陳淑媚將一份信徒 1,088 人、民間社團團體 30 個單位的連署名冊及陳情書，由管碧玲委員服務處轉呈都發局。2013 年由管碧玲帶領開王殿管委會主委與委員代表、楊雅玲與研究生一同到地政局，直接向謝局長陳情開王殿原址保存方案。

　　或許是申請登錄文化資產失敗，及遲遲無法得到官方具體保存開王殿的承諾，主委與信徒也開始自尋新的政治力量支持。2015 年 9 月起，信徒多次至地方市議員林武忠服務處請託，林武忠承諾會在

市議會質詢，希望能爭取市府相關單位明確的保存指示。2015 年 11
月 9 日，林武忠在議會質詢養工處處長吳瑞川（見相 4-24）；[42] 隔年 4
月 12 日再次針對開王殿原址保存議題，於議會中質詢陳菊市長，市
長承諾會要求相關單位報告並研議。同年 5 月 30 日，地政局長黃進
雄與工務局等官員即到開王殿實地瞭解並與信徒溝通（見相 4-25）。

相 4-24　林武忠與信眾至高雄市議
　　　　　會陳情
資料來源：中國時報記者李義提
　　　　　供（原刊於中時電子報
　　　　　2015 年 11 月 9 日）。

相 4-25　地政局長等官員至開王殿
　　　　　與信徒溝通
資料來源：開王殿管委會提供。

42　李義，〈中都開王殿信眾高市議會陳情　盼保留民間信仰〉，《中時電子
　　報》，2015 年 11 月 9 日。資料檢索日期：2019 年 9 月 18 日。網址：http://
　　www.chinatimes.com/realtimenews/20151109003016-260407。

之後開王殿管委會多次開會討論市府相關單位提出的解決方案，形成共識後展開與市府地政局、民政局、工務局的多方政治角力戰，目前已與市府達成原址保留開王殿的協議，但信徒對於此協議仍有諸多疑慮（見相 4-26）。

相 4-26　議員林武忠協助信徒召開協調會議
資料來源：莊文韋拍攝（2016 年 9 月 13 日）。

在開王殿的保存運動中，運動者尋求政治力量的投入是促使運動得以持續，或者將來是否成功的關鍵助力。

（五）環境人文藝術化

當保存運動展開時，大部分的舊信徒是保守觀望的，或許是因早已搬離中都，或在廟宇黑暗時期已不來參拜，或是近期聚落拆遷的緣故，分散在各地的信徒很難在短時間內被動員，這種屬於深層內在的信仰力量，是需要時間去回憶、喚醒。畢竟廟宇經歷過一段長期的黑暗期，信徒的流失是必然的結果，阿殿伯感嘆說道：

> 上次有人經過這裡，約四、五十歲人，說以前住在廟旁，是以前給三佛祖作契子的，但是我很久都沒看過他。我跟他說如果你是給三佛祖作契子，應該要三不五時來拜拜，你要有那個心留著才對。[43]

43　報導人黃佛擇，訪談日期：2015 年 4 月 22 日，未刊稿。

有感於吸引舊信徒回來與吸引新信徒的重要性，自述不信神明的陳淑媚，認為每間廟宇的相似性，都是過度強調自家神明的靈驗性，從她答應黃文樂開始，她肩負使命感，除了每天到開王殿裡幫忙，並積極投入各項保存行動。她開始發揮她的長才，企圖從外觀開始改變開王殿，營造美觀、舒適的信仰空間，她說：

　　剛來的時候，裡頭像座垃圾山，破破爛爛的，功德箱也沒人捐，我請他們開始配合整理環境……。藝術家不是靠此出名，我想讓廟有人文藝術氣息，整理外觀去吸引別人來。[44]

相 4-27　開王殿新調色上漆的紅色外牆
資料來源：莊文韋拍攝（2015 年 5 月 29 日）。

　　剛好廟宇的外牆需要重新補土上色粉刷，她開始協助負責油漆的信徒調配適合的紅色（見相 4-27），以及彩繪放置在殿裡的各式椅子，本來灰暗單調的廟埕，頓時有了活潑的色調（見相 4-28）。陳淑媚還陸續替開王殿製作了放置紙錢的漂流木

相 4-28　陳淑媚所彩繪的椅子
資料來源：莊文韋拍攝（2015 年 5 月 29 日）。

44　報導人陳淑媚，訪談日期：2014 年 7 月 30 日，未刊稿。

架，甚至有感於廟宇位處公園內部，知名度不高，還製作多個註明「磚窯廠百年古廟開王殿」的木牌，置於路口吸引過路人的目光。

陳淑媚表示剛開始答應協助時，為了環境整潔、美觀，除了禁止少數信徒在廟埕打牌，也要勸導老信徒在附近隨意堆放東西的習慣，加上一開始廟宇經費非常拮据，為節省電費，甚至連裡頭的光線都十分黯淡，她除了向朋友募款，也常自掏腰包維持廟宇的基本開銷，甚至自費印製大型海報，以及將向信徒徵求的舊照片、文史資料，以自費添購的掃瞄機、護貝機排版製作成一張張的資料，做成一面照片牆供人欣賞（見相 4-29），讓

相 4-29　陳淑媚製作的相片牆
資料來源：莊文韋拍攝（2015 年 5 月 29 日）。

相 4-30　放置於開王殿前側的牛車與木牌
資料來源：莊文韋拍攝（2017 年 10 月 12 日）。

新來的信徒或關心保存運動的朋友，能馬上瞭解中都與廟宇的歷史沿革。待管委會運作上軌道後，為了強調信徒與磚窯廠的連結，述說磚仔窯早期以牛車運送磚頭的歷史，她特地向管委會申請經費，添購一臺早年的牛車加以整理，放置於廟宇前側（見相 4-30）。另外，她還帶領多位學生與社區居民，共同創作牛的塑像，讓開王殿充滿藝術氣息（見相 4-31、4-32、4-33、4-34）。

　　她也發揮自身藝術專長，在殿裡開辦免費暑期繪畫班（見相 4-35），教導孩童以開王殿、磚窯廠為創作題材，完成一幅幅的繪畫作品。當保存運動逐漸受到更多的關注，捐獻香油錢的信徒也逐漸增多，陳淑媚還請熟識的書法老師在一塊塊的檜木牌上書寫捐獻者姓名與金額，統一掛在廟宇裡，如風鈴般迎風搖曳，十分獨特（見相 4-36）。

　　陳淑媚在初期的保存運動裡相當於「執行長」的角色，同時也作為內部間的溝通橋梁，她以文化保存的名義向信徒蒐集相關的老照片、文物等；以外來中立者的身分去

相 4-31　陳淑媚製作牛塑像的骨架
資料來源：莊文韋拍攝（2015 年 7 月 4 日）。

相 4-32　陳淑媚教導學生製作牛塑像
資料來源：莊文韋拍攝（2015 年 7 月 4 日）。

相 4-33　陳淑媚與學生、社區居民共同製作
　　　　牛塑像
資料來源：陳淑媚提供（2015 年 7 月 26 日）。

相 4-35　陳淑媚開辦暑期繪畫班
資料來源：陳淑媚提供。

相 4-34　牛塑像成品展示
資料來源：莊文韋拍攝（2015 年 7 月 30 日）。

相 4-36　書寫捐獻者姓名的檜木牌
資料來源：莊文韋拍攝（2015 年 5 月
　　　　　29 日）。

化解信徒與先前黃家經營者間的不信任，淡化「公、私廟」的歷史爭
議，最後協助廟宇的法制轉型，成立正式的管理委員會，以凝聚舊信
徒們的向心力，並擴大新信徒的參與面。對她而言，因為積極投入保
存運動，時常穿梭鄰里間與住民話家常，如此全心地付出讓她認識不
少新朋友。她自言，她不再是一位孤獨創作的藝術家，她的人生因此
起了很大的變化。[45]

45　周東森，〈中都唐榮磚窯廠的生態博物館建構——開王殿原址保存運動〉，
　　頁 83。

　　十多年前臺北市寶藏巖「違建」的抗爭運動，有運動者以藝術村的包裝來達致保障住戶權益的目的，2001 年高雄的橋仔頭文史協會將糖廠內的部分廠區、日式宿舍開闢成「橋仔頭糖廠藝術村」，將文化資產成功活化再發展。而開王殿的保存運動中，也有陳淑媚靠一己之力，在有別於強調華麗裝飾的傳統廟宇建築文化中，帶入人文藝術的氣息，確實令人耳目一新。

　　自此，開王殿不再是之前烏煙瘴氣的黯淡廟宇。因環境的美化，讓信徒聽到很多的讚賞聲與正面鼓勵，於是信徒開始靠自己的力量，更積極地、自發地整理廟宇周邊環境，不只在周圍種植花草，更利用附近早年磚窯廠燒製失敗棄置的紅磚，鋪設一條環廟的紅磚碎石子步道，別具特色。在眾人的努力下，整體環境變得更加美觀（見相 4-37、4-38）。

　　楊雅玲與陳淑媚除了引領信徒實踐上述五項保存策略，也同時扮演了協助信徒與外部溝通的中介角色，從外部募集資源，也與外部建

相 4-37　開王殿旁的花草園
資料來源：莊文韋拍攝（2017 年 7 月
　　　　　26 日）。

相 4-38　環廟紅磚碎石子步道
資料來源：莊文韋拍攝（2017 年 7 月
　　　　　26 日）。

立社會關係，讓外界瞭解開王殿
的信仰文化。除了探詢高雄市政
府重劃與拆遷的進程，積極尋求
民意代表的幫忙，還於 2012 年協
助國立高雄師範大學臺灣歷史文
化及語言研究所劉正元副教授進
行「101 年度高雄市歲時與祭典普
查計畫」，由研究生洪淑昭參與觀
察開王殿為期三天的三佛祖聖誕
與祈安建醮儀式，詳實記錄儀式
過程及重要特徵。[46] 此外，提供唐
榮磚窯廠與開王殿老照片、磚瓦
文物予高雄市立歷史博物館籌備
「起厝‧磚瓦諸事會社」特展，[47] 據
陳淑媚的說法，當時負責此特展
的人員，因苦無唐榮磚窯廠附近
聚落的照片，在偶然的機會發現
開王殿的牆上貼滿了她向信徒蒐
集的老照片，驚喜之餘，邀請開
王殿管委會提供相關老照片、文
物充實此展覽，2013 年 5 月 23 日

相 4-39　委員們於高雄市立歷史博物館
　　　　「起厝‧磚瓦諸事會社」展覽開
　　　　幕式合影
資料來源：陳淑媚提供。

相 4-40　阿殿伯代表開王殿於「起厝‧磚
　　　　瓦諸事會社」展覽簽名留念（一）
資料來源：陳淑媚提供。

46　劉正元主持，《101 年度高雄市歲時與祭典普查計畫》（高雄市：高雄市立
　　歷史博物館，2012），未出版。

47　「起厝‧磚瓦諸事會社」特展於 2013 年 5 月 16 日至 11 月 17 日於高雄市立
　　歷史博物館二樓特展室展出。

還邀請管委會的委員們一同參加展覽開幕式，由阿殿伯代表親自在磚瓦上簽名留念（見相4-39、4-40、4-41）。

2011年9月，楊雅玲自述三佛祖託夢，請她負責將神明換裝粉面，主委擲筊確認後，信徒將開王殿祀奉的所有神像請出，把長年來因香火鼎盛而被燻黑的神明金身，委託專業師傅進行換裝、粉面，因各尊神像第一次離

相4-41 阿殿伯代表開王殿於「起厝・磚瓦諸事會社」展覽簽名留念（二）
資料來源：陳淑媚提供。

開廟宇，許多信徒從未見過開王殿各神尊的「廬山真面目」，口耳相傳下紛紛回來觀看與膜拜，開王殿創建以來第一次的神像「變身」工程，成為中都地區的熱門話題（見相4-42、4-43）。楊雅玲回憶這段神奇的故事，她說：

相4-42 開王殿神明粉面、換衣前
資料來源：周東森拍攝（2011年9月6日）。

相4-43 開王殿神明粉面、換衣後
資料來源：周東森拍攝（2011年9月6日）。

　　因為粉面跟換裝茲事體大，當時第一屆開王殿管委會的主委張鶴鐘還專程跑回來開王殿擲筊，還有其他委員也有來，問三媽說是不是我拿出一半的錢，管委會出一半的錢。結果擲筊的結果，就是要我負責！後來主委還跟我說，以前就有很多人因為生病開刀來開王殿祈求，後來病好了，想要還願，幫神明粉面換新衣服，可是擲筊後，神明都沒有答應，大家覺得很奇怪，神明說「要等有緣人！」主委就跟我說，「原來教授就是有緣人！」[48]

　　神明託夢予楊雅玲，請她負責神明粉面及換裝工作，以及後來主委擲筊確認神明等待多年，指定要她幫忙，這過程充滿靈力的色彩，讓信徒在進行保存運動時更具信心，她說：

　　　記得抱著三媽，坐著我家的車，去鳳山接受粉面時，三媽的舊衣在移動過程中，在我身上留下了很多碎片，烏黑的三媽充滿了歷史的力量。讓我充分感受到保存開王殿的責任很大！開王殿的神明們過去照顧了中都地區不同世代的許多居民，現在應該是我們回饋祂們的時候了！[49]

　　楊雅玲自言深感責任重大，在保存運動中，四處積極奔走。她自述在保存行動過程中，三佛祖多次用託夢的方式提醒她很多事情，有的時候是畫面，有的時候是聲音，她會去擲筊一一確認。

48　報導人楊雅玲，訪談日期：2015 年 6 月 23 日，未刊稿。

49　報導人楊雅玲，訪談日期：2015 年 6 月 23 日，未刊稿。

在聚落迫遷後，要重新凝聚已經四散各地的信徒向心力，來進行保存運動是件極為困難之事。但是外來者一連串實際的行動，成功展現力量，也帶動了當地信徒。從文資委員前來進行現場會勘審查，到議長辦公室召開的保留原廟會勘，除了學界、文化人士外，都能見到數十位信徒至現場聲援，甚至發言陳述欲保存的理由與對官方代表處理方式的不滿。

除了信徒直接參與面對官方的動員活動，2011 年起，管委會決議恢復每年於三佛祖誕辰時，辦理三天的建醮祭典活動，負責建醮儀式的道長，其父親早年亦曾幫開王殿主持祈福法會，父子二人前後承擔道長要任，富有歷史傳承的意義，傳為美談（見相 4-44、4-45、4-46、

相 4-44　1992 年舉行建醮祭儀的楊能改道長

資料來源：張淑梅提供。

相 4-45　2014 年舉行建醮祭儀的楊石饌道長

資料來源：莊文韋拍攝（2014 年 7 月 10 日）。

4-47）。除了建醮祭典，廟方也擴大舉辦元宵乞龜、中元普度等例行性祭典，讓信眾往來更為活絡（見相 4-48、4-49、4-50、4-51、4-52）。

　　大部分信徒也許不知道如何呈現開王殿與磚窯場共生共榮的窯工信仰文化，也不懂如何向政府爭取保存，但是對於與神明信仰有關的群體活動卻仍是非常專業與熱衷，也展現旺盛的組織力與活動力。透過舉行屬於信仰層面的宗教儀式活動，也是一種歷史記憶的再現與文化保存的在地動員。

相 4-46　建醮起鼓
資料來源：莊文韋拍攝（2014 年 7 月
　　　　　8 日）。

相 4-47　建醮祭儀中的掛圖
資料來源：莊文韋拍攝（2014 年 7 月
　　　　　10 日）。

相 4-48　平安宴
資料來源：莊文韋拍攝（2018 年 7 月
　　　　　27 日）。

相 4-49　中元普度
資料來源：莊文韋拍攝（2017 年 9
　　　　　月 14 日）。

二、喚醒信徒的歷史記憶

　　從日治時期磚窯工工寮創始之初，對信徒而言，定著於此地的神明，即負起保護住民免受邪靈干擾，展現保衛住民居處之地的能力。其靈力也透過生產，經由乩童問事活動，進入到聚落生活裡與每位信徒的生命中，就像上一章分析《開壇紀錄簿》所呈現的各種人與乩、人與神的密切關係。祂像醫師一般，對症下藥醫治身體的病痛；像父母親一般，從收契子的儀式，建立擬血緣關係；像算命師一般，趨吉避凶，指引光明運勢；像風水看日師一般，挑選適合的地理與良辰吉日；像心靈導師一般，指點迷津、給予信心。經由信徒與乩童長年不斷地相互感應，形成一個既是想像又是傳說又是驗證的過程，這過

相 4-50　龜王
資料來源：張鶴鳴拍攝（2018
　　年 2 月 28 日）。

相 4-51　各種平安龜
資料來源：張鶴鳴拍攝（2019
　　年 2 月 17 日）。

相 4-52　信徒擲筊乞龜
資料來源：莊文韋拍攝（2018 年 3 月 2 日）。

程讓信徒覺得靈驗，逐漸轉換成認同，而認同就是一種能量。楊雅玲與陳淑媚兩人透過紀錄片的拍攝、對信徒的口述訪談、蒐集文獻與老照片、重新組織信徒、申請文化資產登錄等一連串的保存行動，點燃了地方還沒凋零的認同火種，讓能量再次釋放。

楊雅玲指導的一位研究生周東森，完成〈中都唐榮磚窯廠的生態博物館建構——開王殿原址保存運動〉碩論一文；國立高雄師範大學臺灣歷史文化與語言研究所的研究生吳念穎，受到李文環老師的啟發，以〈風雨飄搖的中都開王殿〉一文獲得《高雄文獻》刊登；[50] 筆者2014年以〈中都開王殿歷史文化調查〉為題，獲選高雄市立歷史博物館「寫高雄——年輕城市的微歷史」文史調查研究計畫。還有不少人因聽聞開王殿的拆除危機而到場聲援關心，信徒開始接觸到很多以前從未遇過的「外人」，有大學教授、藝術家、紀錄片導演、研究生、記者等，有別於以往接觸單純來上香參拜的在地人，且這些人大部分是第一次至此，對中都聚落、古蹟磚窯廠、對廟宇的歷史文化充滿好奇，這些疑問逐漸喚醒信徒深層隱藏的歷史記憶，開始對外談論自己或是先人的事蹟，信徒慢慢感染一種懷舊的歷史氛圍，開啟他們願意回憶過去的能動性，尤其是神明諸多救助家人的神奇事蹟，如張淑梅常提及當年出車禍的家父是受到三佛祖的救治，才能增壽二十年，最終以92歲高齡安詳離世。另外，張淑華提及早年有信徒被「沖犯」到，乩童緊急開壇救人的故事，她說：

> 以前阿殿伯的女兒出嫁後在旗後賣東西，聽說是犯到
> 王船，整個人變的神智不清，趕緊回來找私人佛，結果對方

---

50 吳念穎，〈風雨飄搖的中都開王殿〉，《高雄文獻》，1（3/4）（2011），頁217-222。

說他沒有辦法，後來父親趕快送開王殿，緊急請乩童開臨時壇，才救醒她……[51]

張淑華還敘述其在 14 歲農曆七月時，佛祖幫助她「中邪」的母舅李先生恢復正常。她回憶母舅當時出事的經過：

> 當時整整醫兩個七月（按：第二月為閏月）。他是我的二母舅，是牙科學徒，在幫人做牙齒。他那時還在當兵，有一次 7 月時在水底寮幫阿兵哥看牙齒，結果人被「沖」到，整個人昏過去，我媽媽趕緊通知外公。後來大家去軍醫院看他，軍中用橡皮筋綁著綠竹筒，讓他用嘴巴咬著，他們不希望我們帶他回來，但是我們希望讓他離家近一點，大家好方便就近照顧，軍方同意，並請我們寫下切結書。我媽媽帶他回來後就趕快去問佛祖……[52]

張淑華至今對這段記憶仍印象深刻，她兒時親眼看乩童對他母舅施展前一章描述的「脫身」儀式，她說：

> 佛祖說他去沖犯到無形的東西，以符水給他吃後，人暫時清醒過來，並在他住的地方每個門都貼一張符，但是對方很兇，連符都沒辦法。二舅住外公後面的厝，常常會亂說話、應聲，後來真的沒辦法了，佛祖說要去做一草人幫他「脫身」，我們只好去拜託別人借了一臺三輪車，並在車上安符咒，二舅身上也都貼滿符咒，佛祖還說要二舅把衣服脫下

51　報導人張淑華，訪談日期：2015 年 4 月 22 日，未刊稿。
52　報導人張淑華，訪談日期：2015 年 4 月 22 日，未刊稿。

來，讓草人穿上，並讓二舅關在廟旁的倉庫，然後請一位不認識的人來看顧他，任何認識的親戚朋友都不能靠近。當時我們送飯來給他吃要繞很遠，而且要進廟裡讓佛祖巡過才能讓他吃。二舅在這裡整整住兩個月，住到都好了、沒事情才出來。[53]

　　儘管經過快五十年，信徒卻還能清楚描述當年乩童放置草人替身，為他母舅「脫身」的過程，且在遺留下的紀錄簿裡，也能找到與之相對應的文字紀錄。可見對信徒而言，對神明的感念，以及乩童利用法術對病者施行的「儀式治療」，其神明靈力的展現，都成為他們心中埋藏的歷史記憶，而這些記憶，如今慢慢被喚醒。

　　透過外來的保存運動者對信徒進行訪談、攝影，聽著他們看著老照片述說當年香火鼎盛的情景、佛祖救人的神蹟，信徒發現，原來我們可以這樣說自己的故事。美國著名史家 Carl L. Becker 對歷史定義是：「歷史是對於說過與做過的事的記憶。」顯然每個人都知道一些歷史，而史家撰述歷史的過程與一般人回憶歷史的過程是雷同的，所以每個人都是他自己的史家，因為每個人在日常生活中，都在進行事實資料的探討，雖然無法回到過去觀看歷史事件，但歷史記憶透過想像力、與個人經驗的加工延伸，依然可形成清楚的歷史圖像，且口述出最能符合他的利益與滿足他情感需求的事實。不論真假，記憶中的事件的模式，都能擴大與豐富集體的心理當下，這才會是活的歷史。[54]所以，信徒正透過口述在書寫自己的歷史，而歷史記憶透過選擇，最

53　報導人張淑華，訪談日期：2015 年 4 月 22 日，未刊稿。

54　Carl L. Becker 著，黃煜文譯，〈每個人都是他自己的史家〉，《歷史臺灣國立臺灣歷史博物館館刊》，8（2014），頁 154-165。

能符合利益與滿足情感需求的正是過去開王殿神明的靈力，亦即種種神明的靈感事蹟與為神明辦活動的熱鬧景象。張淑華回憶以前活動的盛況，她說：

> 祂真的很靈，小時候廟在熱鬧的時候（按：三佛祖壽誕與建醮祭典），大戲在那邊做，廟這裡整排都是拜拜的東西。有一次剛好下雨，結果每碗東西都變成菜湯了，當時有練過小法的黃清海、黃清木（按：黃龍墜之二、三子）去求天，兩位背後插旗子，頭帶小法的帽子，求沒多久，雨就停了。當時做戲的人非常稱讚，並說隔年還要來這裡做戲，他說沒看過廟這麼靈感的。[55]

開王殿每年於觀音三佛祖壽誕時，都會延聘澎湖籍的道士舉辦建醮儀式，信徒通常簡稱為「做清醮」或「做福醮」，長達三天的法事除為地方祈福，也慶祝三佛祖聖誕及答謝天公與列位正神，信徒會如此盛大舉辦此祭儀活動，主因是平日信徒病痛時，十分仰賴神明的降乩問事以恢復健康，眾人對神明的慈悲感恩在心，對於在殿旁就能拿到藥材，就像於診所看診完拿藥一般，感到非常方便，信徒解釋這是當年佛祖慈悲示意，阿殿伯說：

> 佛祖剛回來「復興」時，都是派青草藥給小孩子吃，吃了都會好，後來改派漢藥，但是以前漢藥都是開藥單去外面抓藥。有一次有一位囝仔因為時間太晚，漢藥店都關了，佛祖救不到，後來死了，佛祖才希望在這裡賣藥。[56]

55　報導人張淑華，訪談日期：2015 年 4 月 22 日，未刊稿。
56　報導人黃佛擇，訪談日期：2015 年 2 月 5 日，未刊稿。

　　亦即黃清雲起初負責問事時，神明就有開藥方，不過當時開王殿只有提供青草藥，一兩年後才開始開藥單讓信徒到外面自行抓藥。自從在此可以直接取藥，開王殿儼然成為中都地區馳名的「醫療診所」，以上述《紀錄簿》統計結果來看，大部分信徒的確是因病前來，顯示當年醫療環境不佳或者負擔不起更昂貴的醫療費用，僅能仰賴信仰以及神明的力量來恢復健康。問事的費用是「隨意」，並沒有規定的收費，信徒會以紅紙包禮金拿給黃清水，通常約 50 至 100 元居多，不過若是有抓藥，則會酌收藥的費用。擔任過第一屆管委會委員，父親曾是磚窯廠職員的宋徐女士談到當年問事的經驗：

　　　　我大女兒小時候很常生病，以前窮人家，看一次醫生要
　　一百多元，我們沒辦法，我也是來開王殿問神，祂說這個小
　　孩 4 歲過後，就會比較好養，暫時要比較忍耐。大約過了二
　　年後，就漸漸的好起來，因為我女兒有時候都會燒到 38 度，
　　然後都會喘不過氣，神明跟我說沒有關係，一段時間過後，
　　心臟比較有力，小孩就會平安。[57]

　　開王殿神明的民俗醫療成為中都居民的最大的依恃與安慰，信徒也提到不少病症都是靠神明的醫治才得以解決，如臺灣在醫療資源不足，疫苗也量少價高的 1950-60 年代，曾出現過小兒麻痺症大流行，阿殿伯曾經提到當時乩童以漢藥搭配雞湯食補，醫治好不少患者，他說他二哥的兒子就是讓佛祖醫好的：

57　轉引自周東森，〈中都唐榮磚窯廠的生態博物館建構——開王殿原址保存運動〉，頁 67。

　　我二兄的兒子，小時候要學走的時候發現腳怎麼沒出力，腳怎麼跟一般人不一樣，會軟腳，才知道有問題。來這裡問，佛祖說是小兒麻痺，吃藥吃了一兩年，還有吃滴雞湯，很滋養，後來他完全好了，還能不用拿枴杖走路。另外一位爐主的兒子也是，不能走醫到會起來走，只有稍微拐腳，現在還在堀江賣東西……以前他是小兒麻痺在地上用爬的，現在已經 60 幾歲了。[58]

　　除了小兒麻痺症外，在家中需要勞動人口及「不孝有三，無後為大」的年代，「生育」是極為重要之事。張淑華提到另一個神奇的漢藥搭配食補的例子，她說：

　　很多藥都很神奇，我的親戚住臺南民權路那裡，結婚三年都沒有生，長輩都會唸他們，可是只罵媳婦也不對。我請媽媽把他們兩位的八字給我，我來問佛祖看看，結果我問之後，佛祖說我女生沒問題，是男生的問題，祂派一帖藥，而且指示要買鰻魚，魚還一定要黑耳不能白耳，且重量要十兩以上，跟這帖一起煎給他吃，結果只吃兩三帖就受孕了，非常神奇。以前不知道把藥方收起來，現在有人不會生，也沒辦法了。[59]

　　對她而言，當年神明幫助不孕病患的神蹟彷彿仍歷歷在目。除了幫助不孕父母，早年重男輕女觀念盛行，張淑梅說明弟弟即是在

1961 年，由媽媽來到殿裡請神明「換花叢」所生下的，她說：

> 因為媽媽生五個女生，所以來換花叢。花是楊廟婆用有
> 顏色的皺皺的色紙做的，一朵朵像玫瑰花、康乃馨那樣，一
> 次做兩朵，佛祖會下駕去「解」，我們再用紅紙包起來，拿回
> 家放在櫃子裡放十個月，如果生男生滿月就去燒化掉，生女
> 生就繼續放，若是不生的想生也可以來求。媽媽後來就生下
> 弟弟，現在 50 幾歲在這裡當主委，他自己也知道是佛祖換花
> 生出來的，佛祖真的很靈感！[60]

　　這些乩童請壇問事所展現的靈驗神蹟幾乎是每位信徒共同的回
憶，特別是神明利用特殊的治療方式或是藥材，他們總是能朗朗上
口、如數家珍。如一種紀錄簿上記載的特殊治療方式，稱為「絲線過
脈」。1968 年農曆正月十三，記載家住苓雅區的林黃女士，乩童以絲
線過脈說明是「勞動過度流產，後再姙娠，到九月可轉生（白花）」；
同年農曆十月五日，記錄黃姓女士「生腸寒濕。迄今三十八年，月中
勞力過多。」病症皆記載詳細，而且看似非輕症，阿殿伯回憶早年就
是因為此治療方式太厲害，才造成最早鎮殿的身騎白馬三佛祖金身被
請走後，一去不回。他說：

> 「絲線過脈」是病得非常嚴重才要用，藥吃不行的才用，
> 非常準！以前乩童被請去用絲線過脈把人病看好了，三佛祖
> 就是因為這樣才會金身不見，被請走沒還。[61]

60　報導人張淑梅，訪談日期：2015 年 4 月 25 日，未刊稿。
61　報導人黃佛擇，訪談日期：2015 年 2 月 5 日，未刊稿。

　　乩童的醫療行為除帶有神奇性外，嚴重的病症他還會「到府服務」。此外，神奇性還包括使用特殊少見的藥材，有一味學名為五穀蟲的中藥材，美其名為「水仙子」，其實是在化糞池中生長的蛆，以前被乩童特別指名使用，陳淑華說：

> 　　以前神明有回去南鯤鯓兩次，聽說有次在遊覽車上有小孩子發燒，大家很緊張，佛祖降駕下來說請大家不用緊張，快去找水仙子，結果讓他吃一吃就退燒了。[62]

　　「水仙子」的使用還有一例，2011 年組織「開王殿青年志工團」的團長陳長申，是張主委五姊張淑芳的二兒子，在他還是嬰兒時期剛滿月的時候，因為高燒不退，親人們趕緊請殿方開臨時壇救命，他的阿姨張淑華說明當時嚇壞眾人的情景：

> 　　淑芳的小孩，他那時才剛滿月而已，就照片中間那位（指著牆上的新聞照片）。佛祖指示後，我們兵分三路，我和姊夫去後面拿桶子、沙子，用筷子夾蟲，有人趕快去買紅蚯蚓，妹妹的朋友去挖香蕉頭，因為佛祖派藥是水仙子 36 尾、紅蚯蚓 12 隻。屎蟲用沙子裝讓牠去爬，然後用水洗幾次後和蚯蚓一起放進碗裡，再用熱水去沖，最後和藥一起給小孩子吃。還有把香蕉頭搥一搥，糊在他胸前，這些藥方都是佛祖派的、教的，當晚他就退燒了。[63]

62　報導人張淑梅，訪談日期：2015 年 4 月 25 日，未刊稿。
63　報導人張淑華，訪談日期：2015 年 4 月 22 日，未刊稿。

神明展現靈力的醫病歷史記憶，都是信徒回憶當年時經常口述的，特別是特殊且神秘的治病方式讓他們留下深刻的印象，也更能凸顯神明治病的靈力與神奇性。而奇特的藥材得靠眾人的齊心努力去蒐集，可說是一種神明對信徒的考驗，也是信徒對神明的完全信任，充分顯示信徒與神明的互動交流。

除「神醫」的救世事蹟常令信徒與聽聞者嘖嘖稱奇外，從靈力文本的分析也得知，除了因病求診，信徒問事內容包容萬象，乩童的角色多樣化，神明幾乎是有求必應。張淑華提到約於 1987 年，住在殿後的邱姓住戶，同時也是她的鄰居，曾經祈求佛祖帶他離家出走的女兒回來，她說：

> 後面有一間邱姓人家，女兒阿芬叛逆期離家出走沒回來，大家都找不到，一開始他們去別的地方問神，神明說明天要回來，結果沒有。後來改來這裡問，佛祖出一張符給他，請他黃昏掛在家門口，結果他化了三張還沒回來，本來要放棄了，我二姊說再去問看看。第二次再來問，佛祖請他注意明天的時間，一定會有人帶她回來，果然隔天一位男生帶他女兒回來站在家牆壁邊，真的是佛祖幫忙帶她回來。[64]

信徒不只回憶親友的靈力經歷，有的則是有神明救命的親身經驗。以前在殿旁賣檳榔、涼水的張淑梅經歷過一次生死瞬間，她說：

> 以前這附近很多杉仔池，載大杉的卡車每天都從廟門口經過。有一次我夢到床下有一隻很大的蛇，牠的頭是斷掉

---

64 報導人張淑華，訪談日期：2015 年 4 月 25 日，未刊稿。

的。三天後，有輛經過廟門口的杉仔車真的斷頭，後面的大
杉都倒下來，但是斷掉的車頭卻又甩回去穩住，當時司機兒
子去撞到頭，頭上腫了一球。那時我也不知道怎麼跑出去
的，大家都以為我會壓死在那裡，不過攤子東西都壓壞了，
他們賠三萬多。後來我請教佛祖，佛祖說祂三天前就在這裡
等了，祂把車子推回去，不然不是這樣而已，記得我們有四
人坐在這裡聊天，若真的壓下來後果不敢想，所以佛祖真的
很靈感！[65]

信徒在回憶這些歷史記憶時，總是特別強調神明的靈感，他們對
神明的情感，對廟宇的認同在每一次的訪談中表露無遺。周東森透過
對信徒的訪談，感受到信徒與開王殿之間緊密的共生關係，也發現願
意投入「開王殿原址保存」運動，甚至後來在神明面前擲筊擔任「開
王殿管理委員會」委員的信徒，大都源自於他們深信神明長年來救助
了他們家人的病痛，同時也直接或間接經驗到「神明濟世」的神蹟。[66]
換言之，當信徒潛在的能量被喚醒，對於廟宇面臨拆除危機當然覺得
不捨，開始形成文化保存的行動力，願意主動參與保存運動，奉獻自
身力量。

即便開王殿不是一間外觀巍峨華麗，且留芳於史書上的大廟，
但是它卻能體現常民勞工階級信仰的普世價值，當它成為被保存的對
象，成為一個形塑地方感與記憶的具體形象時，蘊藏在其中的信仰文
化，一種人和神之間的信任關係，此時逐漸轉換成文化保存的力量。

65　報導人張淑梅，訪談日期：2015 年 4 月 25 日，未刊稿。

66　周東森，〈中都唐榮磚窯廠的生態博物館建構──開王殿原址保存運動〉，
　　頁 69。

換言之，在此所引發的能量，是源自於過去信徒與神明之間緊密的連結、感應、記憶與認同。

這種在地的力量往往需要被引導、喚醒，文化保存的核心力量，往往就是來自於在地的能量，若沒有內部的動員，保存運動是很難持續且成功的。這幾年我們看到高雄市新興區的逍遙園再生行動、內惟李氏祖厝的保存運動、哈瑪星新濱老街廓、貿易商大樓保存運動等，都是因為外來力量的大力介入，透過對硬體舊建築的表徵保存，啟蒙人群的「地方感」，希望喚起大眾對地方文史的重視與對公眾事務的參與，企圖影響官方決策以達到文化保存的目的。因為長住「地方」上的人，往往忽略他們生活上早已習以為常的文化價值，特別是非主流的常民文化。

Tim Cresswell 認為，當空間有了特定的意義，才能成為地方，而人在一個地方上，因為群體日常的身體移動，產生了「時空慣例」，會讓人有強烈的「地方感」，會產生一種地方內部生活節奏的歸屬感，所以地方也是人群從日常生活中日復一日操演出來的。[67] 亦即人群會在特定的地方，不斷重複特定的行為，因而與地方聯繫在一起，這種日常生活中的互動、行為模式，聯繫凝聚了人群與地方，讓人界定自我，組成社群，並與他人分享特殊經驗。[68]

中都地區的聚落與社群因有共同的生活形態，形成區辨自我身分的地方感、歸屬感，且具有高度的社群認同，當面臨都市土地重劃，

67　Tim Cresswell 著，徐苔玲、王志弘譯，《地方：記憶、想像與認同》，頁 19、58-59。

68　Mike Crang 著，王志弘、余佳玲、方淑惠譯，《文化地理學》，頁 136-137。

以及家園的迫遷、人與地方的關係遭受侵害時，此認同產生一定程度的瓦解、流失，此時產生危機感的在地居民向外求助，也允許各界人士進來原地方體系，進行各項文化保存的運動，最終形成以一個在地僅存的具體意象，可以喚醒集體記憶、延續認同感的「開王殿」，作為保存標的物的文化保存運動。

筆者認為，對開王殿信徒而言，神明救世的傳奇不只是記憶，更是支持他們爭取認同的原動力。信徒之所以願意無怨無悔地投入保存運動，就是因為銘記開王殿的公共記憶，也就是信眾過去感應、經歷過的靈力。開王殿曾經獲得地方高度的認同，但是後來經歷一段黑暗期使認同幾乎消失。而外來的楊雅玲與陳淑媚因認知開王殿的歷史文化價值，試圖撕開靈力的封印，重新凝聚信徒的地方感。他們與受到信徒請託的各級地方民代或機關首長，都是保存運動的關鍵人物。

筆者認為，對開王殿信徒而言，神明救世的傳奇不只是記憶，更是支持他們爭取認同的原動力。信徒之所以願意無怨無悔地投入保存運動，就是因為銘記開王殿的公共記憶，也就是信眾過去感應、經歷過的靈力。開王殿曾經獲得地方高度的認同，但是後來經歷一段黑暗期使認同幾乎消失。而外來的楊雅玲與陳淑媚因認知開王殿的歷史文化價值，試圖撕開靈力的封印，重新凝聚信徒的地方感。他們與受到信徒請託的各級地方民代或機關首長，都是保存運動的關鍵人物。如同報導人吳玄仲所述：

> 要拆時他們（按：信徒）開始找人，聽他們說，陳老師也
> 是神明要他過來的，楊教授也是神明要他過來的，廟後來神

明的換衣也是神明託夢給楊教授說祂們要換衣服。[69]

因為保存的對象是廟宇與神明，及其蘊含的信仰文化，讓這股正向的外來力量還帶了點靈力色彩，更加深對信徒的影響力，某方面也奠定信徒與外來者間彼此的信任。

三、對文化資產保存的反思

住民在特定空間長期而慣性的活動，會對此空間產生文化情感，也會產生屬於住民的歷史記憶，為了讓記憶安置於地方，可以透過特定建物的保存，讓地方與歷史產生交流，也能建構地方感、認同感。在社區營造中，文化資產常被拿來形塑地方感與記憶的具體形象，或以保存文化資產來保有地方的特徵與文化。

爭取開王殿登錄為文化資產，是保存運動的一項重要策略，此舉不僅能動員信徒參與文資委員的現場會勘審查，表達在地信徒保存廟宇的理念與決心，過程中透過歷史文物的蒐集，喚醒信徒的歷史記憶，凝聚文化保存意識，也讓中都地區的居民藉由開王殿的歷史文化、神蹟靈力討論，重新認識此地區的文化地景，瞭解此地區從日治時期即開始的工業區歷史脈絡，感受到此地特殊的價值與吸引力，若能登錄為歷史建築，更能解除因廟宇位於公園預定地上而衍生的拆除危機，進而思考公園的規劃，以利與「中都磚窯文化園區」搭配，發揮它的文化價值。此外也能化解市府地政局、都發局、工務局養工處、民政局等官方相關業務執行單位之間的尷尬，對他們而言，這無疑是最佳的解套方法。可惜，在眾人的高度期盼下，爭取登錄為文化資產的行動最後仍是功敗垂成。

---

69 報導人吳玄仲，訪談日期：2014 年 7 月 11 日，未刊稿。

　　文化資產成立的關鍵不在於定義、產權、或法令，而在於源自認同、價值指涉、情感等面向的詮釋、協商、爭議、合縱、連橫等導向價值穩定化的行動。這意味著文化資產的價值建構是多元戰場的綜合結果。[70] 換句話說，在這建構文化資產價值的過程中，勢必經歷各方政治力量的介入影響。如今，開王殿的文化保存運動轉為進入「自力救濟」階段，信徒為了開王殿的原址保存四處奔走，持續請託為民喉舌的地方民代。至今，保存運動仍在蓄積能量。

　　不只是中都開王殿，從各地文化資產常常面臨搶救的困境，就表示文化資產的價值並非自明性存在，不是眾人理所當然的共同價值，需要不斷地被爭取、抗爭、論述、搶救。[71] 在「開王殿原址保存運動」中，我們可以看到運動者不斷透過訪談、調查去論述宣傳建構它的文化歷史價值，透過爭取文資登錄的方式來重新凝聚信徒的向心力，啟蒙他們的文化保存意識，喚醒他們對於神明靈力的歷史記憶，重新匯集在地能量去爭取各方對於保存運動的支持。但是，為何爭取文資登錄的行動策略最後仍是失敗的，最大的癥結點，是現行文資法對文化資產的原則性描述，不足以闡述其價值感。

　　儘管舊版的《文化資產保存法》其精神是與市井的生活相結合，凸顯文化資產不再只是國族的而是常民的、其意義也不能只強調工藝技術，需兼具歷史文化。[72] 2016 年 7 月全面性修正的新版文資法更進一步參考聯合國教科文組織的「保護世界文化和自然遺產公約」與「保護非物質文化遺產公約」，將文化資產區分為有形及無形兩大類，

70　林崇熙，〈文化資產的價值營造〉，頁 42。

71　林崇熙，〈文化資產的價值營造〉，頁 55。

72　李文環，《空間與歷史──旗山文化資產的歷史論述》（第二版），（高雄市：麗文文化，2012），頁 6-7。

在有形文化資產中新增了「紀念建築」及「史蹟」類別。也更為保障文化資產保存普遍平等之參與權，並擴大公民參與程序等。但是，以現行的狀況來看，還是常見過度強調建築物呈現的自明性價值，亦即歷史年代是否久遠，建築工藝技術是否高超，當中有無重要人物等，距離充分落實文資法的精神，還有一段路要走。

高雄市文化局於 2004 年登錄位於新興區的「柯旗化故居」為歷史建築。1965 年創建的建物本身雖然不具年代久遠的條件，但其使用者反映一個時代中具體且有代表性的歷史氛圍與背景狀況，包含政治受難者本身、政治受難者家屬共同交織出此建物的歷史文化生命內涵。[73] 然而，同樣是樸實建物的開王殿，蘊含著常民的集體信仰文化價值，儘管文資委員會勘審查後，認為「開王殿為中都磚窯廠周邊聚落信仰中心之一，具有凝聚居民意識及反映生活情感之功能，是一處能夠傳遞在地文化的處所。」但是仍以「惟其建築本體歷經多次修繕，原有風貌已不復見，構成文資登錄審查之要件並不充足。」為由，二度駁回登錄為文資之申請。[74] 可見相較於年代悠遠的歷史建物，常民的文化資產要爭取認定的難度更高。

那麼具有產業代表性的磚窯廠，獲得保存的過程是否就一帆風順？答案是否定的。2005 年由內政部公告提升為國定古蹟的中都唐榮磚窯廠，在列為古蹟之前也是遭遇各方阻力。首先，社區里長持反對

73　高雄市文化資產網，〈文化資產・柯旗化故居〉。資料檢索日期：2015 年 6 月 13 日。網址：http://heritage.khcc.gov.tw/Heritage.aspx?KeyID=6241f2c0-f437-4fe0-af63-64b5db6b65b3。

74　〈100 年高雄市古蹟歷史建築聚落文化景觀審議會第 2 次會議記錄〉。高雄市政府公函，日期：2011 年 9 月 7 日，發文字號：高市四維文資字第 1000099261 號。

意見，認為煙囪年代久遠不牢固及形狀像劍一般，鎮住中都地區繁榮的龍脈，應該拆除改建為購物商場、遊樂區、大樓才能促進繁榮。其二，磚窯廠的業主唐榮鐵工廠，早年因背負鉅額貸款與經營業績的壓力，急欲處理被視為閒置資產的磚窯廠，欲以變更都市計畫的方式，把原為工業區的土地變更為住商特定區，並將磚窯廠拆除作為商業大樓開發用途。直到 2002 年高雄市文化愛河協會發現都市計劃審議案迫在眉梢，趕緊聯合民間各領域數十個社團連署，向市府呼籲將磚窯廠列為古蹟保存，2003 年文化局正式成立，並回應民間訴求召開古蹟審查委員會，將磚窯廠列為市定古蹟。[75] 且公部門相關單位後續編列預算進行古蹟的調查研究與修復計畫，以及八卦窯、北煙囪緊急支撐防護及周邊景觀、夜間景觀照明改善工程、紅磚事務所修復工程等，[76] 並持續與保存區最大的地主唐榮公司溝通後續的園區規劃。現今古蹟周邊環境的綠美化已有不錯成效，中都磚窯文化園區的確有了初步的成果。甚至文化局還在園區辦理一系列的文化藝術活動，讓不少市民對此工業遺址的古蹟保存與活化發展有了不少期待與想像。

　　只是，如同《高雄市中都磚仔窯文化園區建置先期規劃計畫》裡審查委員提出的想法，「中都磚窯廠的在地價值在於它的場所性、地方感與鄉土愛。」以及「磚窯廠歷史文化意象除了工業生產外，尚包含了員工生活聚落，如何重現歷史意象？」[77] 這也讓我們反思，儘管

75　高雄市文化愛河協會、許玲齡，《太子爺與外境：神威遠播三鳳宮》，頁203-204。

76　財團法人成大研究發展基金會，《高雄市中都磚仔窯文化園區建置先期規劃計畫》，頁 2-9。

77　財團法人成大研究發展基金會，《高雄市中都磚仔窯文化園區建置先期規劃計畫》，頁附 -2、附 -24。

保留了八卦窯和煙囪、隧道窯、倒焰窯等窯業建物，文化園區是否還缺少了什麼？

1984 年德國班堡以 Ensemble（意義類似歷史建築聚落）為由被列為市定紀念物，列冊市定紀念物面積共約 444 公頃，包含四千五百棟建築物，其中一千六百棟為列冊紀念物，約二千五百棟被列為群落建築，是德國最大的紀念物保存區。1993 年以此保存區範圍為基底，界定為世界文化遺產的範圍共 250 公頃，其中一千一百棟建築物列為歷史建築，人們除了可以在此閱讀到一千多年的建築歷史，欣賞中世紀小鎮的風光特色，也能享受蘊含其中的德國啤酒文化。原先班堡大部分的居民是養老院內的資深公民，班堡大學進駐後為老城區注入新活力，是歷史聚落再利用的佳例。[78]

德國因為戰爭而失去許多具歷史意義的建築，他們也因此更珍惜遺留下來的文化遺產，所以才有如此大範圍式的歷史聚落保存，並且面臨新建設與開發時，以人為本與永續發展，讓保存觀與當代價值結合。[79]臺灣也於二戰時經歷過無情的戰火，中都磚窯廠幸運地沒有受到全面性的破壞，戰後持續營運至 1992 年才停工，2003 年市府結合民間團體的力量保存這些呈現稀有性、代表性、完整性且工法細緻的產業文化建築，且為避免八卦窯與北側煙囪崩壞倒塌，迅速展開維護工作。如果能再融合磚窯廠歷史發展脈絡下形成的窯工生活文化地景，應可更多元並完整地呈現文化資產的豐富樣貌。然而，中都地區的地景隨著社會文化的變遷及政府的土地重劃快速改變，未來將是商

78　藍志玟，〈住在世界文化遺產裡——德國班堡〉，《文化資產保存學刊》，18（2011），頁 58-63。

79　藍志玟，〈住在世界文化遺產裡——德國班堡〉，頁 58-63。

業與住宅的現代化地景（見相4-53），此地區像張羊皮紙一般快速地被刮除重寫，如今我們已失去了歷史聚落再利用的機會。

東京大學教授高橋哲哉在討論日本福島核電事故議題時，曾說明核能發電是一種「犧牲的體系」，當中有要求犧牲的一方，與被犧牲的另一方。他說：

在犧牲的體系中，某（些）人的利益是從犧牲他者（們）
的生活（生命、健康、日常、財產、尊嚴、希望等）之中產生

相4-53　今日的中都景觀
資料來源：石志忠（航拍騎士——石田浩二〔臉書〕）。資料檢索日期：2015年
　　　　　6月13日。網址：https://www.facebook.com/skyknightno1/。
說明：工業聚落拆除殆盡，只剩下緊鄰中都唐榮磚窯廠的開王殿。

並維持下去的。沒有被犧牲者的犧牲，要求犧牲的那方不可能產生利益，也不可能維持利益。但這個犧牲通常不是被隱蔽起來，就是作為一個共同體（國家、國民、社會、企業等）的「尊貴之犧牲」而被美化，或正當化。[80]

對照日本福島核電廠，中都唐榮磚窯廠同樣也是一種「犧牲的體系」，不論是工業聚落或是開王殿，其代表的都是被犧牲的一方。因為底層的磚窯工是此體系中被犧牲的一群人，他們在高度勞力需求的磚窯廠裡長時工作，付出勞力、犧牲健康去為資方產生利益，而自己或是後代子孫的家園卻是無情地被迫拆遷。據《開壇紀錄簿》統計，1960-80 年代逾七成來問事的信徒是因為疾病而來，以現代觀點而言，這當中還隱含「職業災害」的問題，而曾為這些窯工提供精神支持的開王殿，同樣正面臨拆除的危機。

開王殿的價值之一是體現了勞工的刻苦精神，亦是磚窯產業體系中的被犧牲一方的心靈依託，當中甚至包含土地轉型正義的問題。由此可知，開王殿與多數民間信仰中彰顯「靈力」的廟宇不同。它具有與磚窯廠「共生」的歷史意義，也讓我們反思市府在指定此工業遺產為古蹟時，除了特殊的產業建物，是否也該保留代表窯工信仰文化的開王殿，讓磚窯文化保存更具完整性？且後續推動社區營造時，有廟宇的信仰組織社群，更能強化認同感、凝聚向心力與吸引居民的參與，進而讓文化園區得以永續經營。

---

80 高橋哲哉，李依真譯，《犧牲的體系：福島・沖繩》（臺北市：聯經出版公司，2014），頁 20-21。

　　工業遺產具有多元的文化資產樣態以及高度的社區關連度，其豐富的內涵與型態迥異於民宅、陵墓、砲臺、祠廟、衙署等類別的文化資產，需要以不同的策略來進行產業文化資產的保存與再利用。保存範圍應有「生活生態圈」的原則，需要以整體性、有機性、活體式為保存的思考，而不是以物件式、靜態式、古董式、割裂式的保存方式來思考。[81] 從兩次中都磚窯廠古蹟的保存區界定來看，皆未能完整保留產業文化資產活化與永續經營的優勢，十分可惜。

　　目前國際上對於工業遺產的定義，主要以「國際工業遺產保存委員會」（The International Committee for the Conservation of Industrial Heritage，簡稱為 TICCIH）在 2003 年於俄羅斯的下塔吉爾市（Nizhny Tagil）發表了《下塔吉爾憲章》作為工業遺產保存的綱領，它認為「工業遺產」是由「具有歷史的、技術的、社會的、建築的或科學的價值上的工業文化遺留所構成。這些遺留包括了建物與機械、磨坊、工廠、礦場以及從事相關的加工與精煉化的場址、倉庫和貨棧、產製、輸送和使用能源的場所、交通運輸及其基礎設施，除此之外，還有與工業生產相關的其他社會活動場所，如住居、宗教崇拜或者教育。」[82] 依據此憲章的概念，工業活動所建造的建築、工業生產過程、方法、技術與使用的工具，還有工業活動所處的城鎮背景以及形成的景觀，及其他有形與無形的載體，都是組成工業遺產的元素，具有同等的重要性。中都磚窯廠的古蹟保存，若以工業遺產的精神來整體考量，應涵蓋仍在活動運作的有形與無形載體，如代表勞工生活的聚落及信仰文化的開王殿。

81　林崇熙，〈產業文化資產的消逝、形成、與尷尬〉，頁 73-85。

82　王玉豐，〈軌以載文，文以載道──軌道文化資產發展的策略想像〉，《捷運技術半月刊》，37（2007），頁 56、57。

　　儘管保存運動者提出歷史文化保存的主張，常常利用文化資產的申請登錄，來達到保存的目的，使文資保存被視為一種工具化，但開王殿的文化保存並非是爭取私人的土地利益，而是隱含因歷史的更迭所衍生的空間轉型正義問題，其與磚窯廠的高度連結不容抹煞，由民間所主動發起更加意義非凡。

　　中都地區百年來因窯業發展歷程而有的工業文化景觀——常民居住生活的磚窯工聚落群，已經在 2012 年因市地重劃而拆除殆盡，在周邊的聚落拆遷後，僅存的開王殿成為了一種家園的象徵，卻同樣面臨被拆除的危機。庇佑窯工、祛除疾病、撫慰心靈的開王殿，代表與磚窯廠共生共榮的窯工歷史，應是此磚窯古蹟園區裡重要的產業文化，若能獲得保存，可規劃與緊鄰的國定古蹟磚窯廠做文化園區再利

相 4-54　2012 年 3 月九如陸橋旁的工寮聚落拆除過程
資料來源：陳淑媚提供。

用，不僅能真正落實文《文化資產保存法》的精神，更能伸張歷史正義，正視並肯定窯工在工業進程中的貢獻，保留下他們奮鬥的遺跡。

四、期待保存之路重現曙光

王志弘提到：「特定建物、遺址、物件和地貌的保存，從來就不單純。保存觸及了跟資源分配和權力關係最密切的經濟與政治事務。」[83] 的確，文化資產的建構歷程具有高度的政治性格，因為文化資產具有「詮釋彈性」，在各種時空脈絡下，不同立場或價值觀的人們都能對它進行詮釋，而有著不同的解讀或見解。因此，市府近年來積極對於中都工業區進行土地重劃與開發，讓保存運動夾雜著更為複雜的經濟與政治因素，也導致保存運動至今，開王殿是否能原址保存仍存在諸多變數——而其中最為關鍵的因素，在於土地問題。

對於開王殿原址保存問題，相關各局處有不同看法，茲將各局處的意見整理如下表：

表 4-1　唐榮公司與高雄市政府相關局處權責與意見

單位名稱	相關權責	意見
唐榮鐵工廠股份公司	擁有土地所有權	開王殿為違建戶，針對違建戶申請登錄歷史建築，本公司並不贊成，若市政府認為有保存的價值，請移至適當地點保存。
地政局土地開發處工程科	土地重劃工程規劃、土地改良物遷、補償等	開王殿位於第 69 期重劃區內，依現行重劃法令相關規定，牴觸或妨礙工程須拆遷補償，本局整地後交予市府養工處接管維護。

83　王志弘，〈導言——文化治理、地域發展與空間政治〉，收錄於劉鈐佑總編輯，《文化治理與空間政治》（臺北市：群學，2011），頁 19。

（續上頁）

單位名稱	相關權責	意見
工務局養護工程處工程管理科	地上（下）物調查、測量、拆遷、救濟等	有關重劃區裡公園開闢事宜係屬地政局權責，如地政局後續委託本處代辦施工者，應先行解決地上物拆遷問題。
都發局都市規劃科	主要、細部、特定專用區計畫與土地使用分區管制之擬（修）訂等	開王殿與中都磚窯廠有相當關聯性及歷史淵源，市政府也規劃了中都磚窯廠文化園區，可考慮結合兩者的可能性，既不妨礙公園的開發，同時可以兼顧歷史建築跟窯廠融為一體。
民政局宗教禮俗科	宗教、寺廟之登記輔導及管理等	開王殿是登記有案的寺廟，如果可以保存，本局樂觀其成。
文化局文化資產中心	文化資產之文史及地理特性調查、指定登錄等	開王殿雖為中都磚窯廠周邊聚落信仰中心之一，是一處能夠傳遞在地文化的場所；惟其建築本體歷經多次修繕，原有風貌已不復見，不予登錄為歷史建築。但建議重劃開發單位（地政局）朝主題公園規劃，創造既能讓土地重劃進行施作，且地方歷史文化與信仰亦能獲得保留之雙贏政策。

資料來源：

1. 〈100 年高雄市古蹟歷史建築聚落文化景觀審議會第 2 次會議記錄〉。高雄市政府公函，日期：2011 年 9 月 7 日，發文字號：高市四維文資字第 1000099261 號。

2. 〈第 69 期重劃區開王殿保留原廟會勘記錄〉。高雄市議會議長辦公室公函，日期：2011 年 5 月 23 日，發文字號：崑字第 1000523 號。

3. 高雄市政府全球資訊網，〈市府介紹‧業務職掌〉。資料檢索日期：2019 年 10 月 14 日。網址：https://www.kcg.gov.tw/Org.aspx?n=D33B55D537402BAA&sms=9F779BBA07F163E2。

　　在文資審議會決議開王殿不予登錄為歷史建築後，地政局隨即發公函予開王殿表示對於文化局建議之「主題公園」規劃，其將與工務局養工處研商辦理方式，另有關都市計畫通盤檢討部分，請逕洽主管

機關都發局辦理。[84] 之後都發局發予開王殿的公函則是說明既然文化局不予登錄為歷史建築，則依據文資法與都市計畫相關規定，較不具劃設為保存區之必要性。[85]

另外，地政局與都發局代表都曾在議長助理主持的會勘會議上，建議另外尋覓適當地點遷建廟宇，但不被與會信徒代表接受，認為此舉會失去開王殿與唐榮磚窯廠緊密連結的歷史意義，祂在磚窯生產過程中的角色可能因此淡化，世人將難以從祂的存在來感受到磚窯文化的深刻意涵。且廟宇是窯工運用自家建材親力興建，拆除遷建將失去此精神價值。由此脈絡可見，開王殿的拆遷問題癥結點在於土地問題，因它位於重劃區內的公園預定地，相對於重劃區內的聚落拆遷，是個更棘手的問題，使得相關各局處都無法提出妥善解決之道。

所幸，在當地信徒、學界、文化界人士及輿論的壓力下，及林武忠議員兩次公開於議會針對開王殿原址保留提出質詢，2016 年 5 月 23 日，陳菊市長指示相關單位研議保存辦法，同年 5 月 30 日，林武忠議員、地政局長及工務局代表於開王殿與信徒代表協調保存事宜，會中協議廟宇主體建物由地政局辦理徵收補償，後續轉為公園內「文教設施」，最後由民政局委請廟方認養管理。[86] 同年 9 月 4 日，第三

---

84 〈貴殿函請將座落土地開發，列入年度都市計畫通盤檢討及土地開發相關議題〉。高雄市政府地政局公函，日期：2011 年 10 月 18 日，發文字號：高市四維地政發字第 1000034633 號。

85 〈有關函本局請將開王殿土地開發列入年度都市計畫通盤檢討及土地開發相關議題〉。高雄市政府都市發展局公函，日期：2011 年 10 月 25 日，發文字號：高市四維都發規字第 1000043977 號。

86 〈有關三民區「開王殿」拆遷保留協調乙案〉。高雄市政府民政局公函，日期：2016 年 6 月 21 日，發文字號：高市民政宗字第 10531304200 號。

屆信徒大會針對地政局所提的解決方案，[87] 決議通過將開王殿廟宇主體建物無償捐予市府，但希望能保留殿裡的神尊、法器、法物於廟宇內及維持傳統祭祀活動。

地政局持續釋出善意，表示「考量貴殿與當地磚窯文化具有相當程度連結關係，其寺廟主體建物及部分文物仍具保留意義，經本府相關機關研議決議，由本府地政局依法辦竣寺廟建物補償，再由本府民政局與貴殿協調後續認養及維護管理事宜。」也針對管委會的訴求，表達於未來公園規劃階段，將邀請信徒代表列席提供建言。[88] 甚至該局檢送「廟宇捐贈契約書」，希望能儘速辦理捐贈事宜，將廟宇轉為文教設施，納入公六用地規劃。[89] 民政局也承諾未來將協助廟方保留寺廟登記證。[90]

然而就在一切露出曙光之際，工務局養工處的一紙公文卻又讓開王殿原址保留運動陷入窘境。原因在於管委會的訴求之一，即保留

---

87 〈有關貴殿函詢原地保留廟宇及參與公園規劃乙案〉。高雄市政府地政局公函，日期：2016 年 8 月 26 日，發文字號：高市府地發字第 10571116700 號。文中地政局所提的解決方案，為廟宇原地保留，但由地政局辦理補償後轉為公有文教設施。

88 〈有關貴殿陳提 4 項訴求獲得共識下，同意將廟宇主體建物贈予本府乙案〉。高雄市政府地政局公函，日期：2017 年 3 月 20 日，發文字號：高市府地發字第 10670303800 號。

89 〈檢送本市第 69 期市地重劃區公六用地上「中都開王殿」之廟宇建物捐贈契約書乙式 2 份〉。高雄市政府地政局公函，日期：2017 年 5 月 18 日，發文字號：高市府地發字第 10670594400 號。

90 〈函轉高雄市市議員林武忠服務處 105 年 9 月 13 日召開「中都開王殿原地保留及參與公園規劃案」會議記錄影本乙份〉。高雄市政府民政局公函，日期：2016 年 10 月 20 日，發文字號：高市民政宗字第 10532093500 號。

神尊、法器、法物於廟宇內及維持三大祭祀活動，違反了《高雄市公園管理自治條例》第十九條第一項第三款及第七款規定——禁止未經許可從事營利行為及禁止私設神壇、桌椅、伴唱設備等設施或其他物品。[91]

　　雖然執行公務的單位於法有據，但若廟中無神尊，徒留建物空殼，信徒將如何參拜，更遑論辦理元宵乞龜、主神壽誕及中元普度等傳統祭儀活動。市府認為開王殿與當地磚窯文化具有相當程度連結關係，但礙於法條卻只能保留寺廟建物，如此一來，開王殿該如何發揮其「文教設施」的文化教育功能？又該如何辦理祭儀活動，彰顯其代表的宗教文化意義？這實在與文化資產保存與活化的理想背道而馳。平心而論，公園的內涵不是只有休憩或生態，更可以是讓大眾交流與學習的場域，而擁有豐富歷史文化的開王殿，正是一個提供大眾認識磚窯與信仰文化的教育機會，期待相關單位能運用智慧去協調，讓開王殿的未來重現光明！

　　回想開王殿曾經因管理不善等問題，呈現逾二十年蕭條淒涼的景象，當時殿裡功德箱內的信徒捐奉往往每個月不足一千元，連基本的廟務維持都有困難。如今，經歷了文化保存戰役，重新凝聚了信徒們的共識，用來支應廟務的經費也漸漸充裕，管理委員會的委員們也體認到這一切得來不易，必須發揮宗教慈善救濟的精神，以實際行動回饋社會。曾幫開王殿拍攝紀錄片的莊榮華於 2014 年捐贈一百斤自種的火龍果，以義賣所得成立開王殿獎學金（見相 4-55）。2014 年高雄

91　〈有關開王殿以無償捐贈廟宇主體予市府，陳情捐贈契約載明事項乙案〉。高雄市政府工務局公函，日期：2017 年 7 月 21 日，發文字號：高市工養處字第 10635020500 號。

發生氣爆案與隔年發生的新北市八仙樂園塵爆案，開王殿也分別捐款十萬元，除救災賑急，發揮善款的功德價值，更有宣傳開王殿的文化保存運動之意。

如今，信徒主動修剪雜草、栽植花木，持續美化廟宇周邊的環境以吸引更多訪客；管委會委員們用心辦理傳統祭祀活動，希望能讓更多信徒參與；李文環與筆者撰寫的〈中都開王殿簡史〉也高掛於殿裡，使信徒與遊客更能瞭解開王殿的歷史文化價值（見相4-56）。而每日早午固定敬茶的阿殿伯，也常在信徒來參拜時，替信徒解惑，回答關於廟宇歷史、供奉神明等問題，阿殿伯總是生動地描述三佛祖的靈力神蹟，強調神明的靈感，若有遊客對國定古蹟磚窯廠有興趣，他也會仔細地述說當年燒磚排窯的過程，儼然是磚窯廠的最佳代言人（見相

相4-55　導演莊榮華義賣火龍果
資料來源：莊文韋拍攝（2014年7月11日）。

相4-56　中都開王殿簡史
資料來源：莊文韋拍攝（2015年5月29日）。

4-57）。一群不同身分背景的人，在這場保存運動裡各司其職，也在這裡重新找尋自己生命的價值。而這股保存的正向力量，重啟了大家對「中都磚窯文化園區」的想像，這也說明開王殿與磚窯廠「共生」的窯工信仰文化，開王殿應是此文化園區裡重要的產業文化之一。

相 4-57　阿殿伯解說燒磚過程
資料來源：周東森拍攝（2010 年 12 月 27 日）。

　　另一方面，在文化保存運動過程中，靈力文本《開壇紀錄簿》的重現，幫助信徒拼湊出共同的記憶，藉由過去這些醫藥神蹟與個人見證的流傳，將本是自我再生產的過程，異化為神明的靈力。在過程中，信徒相信神明帶來引領他們的人，也帶給信徒挺身而出的勇氣，他們積極地尋求政治力量支持，當保存有了階段性成果，再將此過程歸功於神明的助力，賦予神明更多的靈力。如此正向循環之下，人與神互助提升力量，一股文化保存的在地實踐能量應運而生！

　　儘管在相關公部門「依法行政」下，開王殿的保存與否迄今（2019 年）仍處於僵局，然而保存運動仍是現在進行式，而這股文化保存核心的力量、曾經被喚醒的在地能量，是否能夠持續維持，還是最終會與周邊被拆除的聚落有著相同命運，需要更多人來關注。筆者也期盼大眾能珍視傳統的信仰文化，體認歷史記憶的價值，將靈力的需求昇華為對人文的關懷，對土地的認同，以此建構地方感，齊心守護在地居民的共同遺產。

第五章　結論

　　2003 年，高雄市政府保留唐榮磚窯廠內殘存之一座八卦窯、二支磚造煙囪、隧道窯、倒焰窯等窯業建物，並通過以「台灣煉瓦會社打狗工場──中都唐榮磚窯廠」為名指定為市定古蹟。2005 年由內政部公告提升為國定古蹟，重新界址古蹟涵蓋範圍，保存區範圍達 2.27 公頃，然而聚落與窯工信仰中心開王殿未能涵納其中。誠然，在都市重劃的聲浪中，政府能保存這些工法細緻的產業建築，已屬不易，然而綜觀磚窯廠的歷史發展脈絡，若以整體性、有機性、活體式來思考，應當以保留下完整的「生活生態圈」的原則，才能讓歷史聚落有再利用的機會，並讓文化資產具備活化與永續經營的優勢。

　　中都的工業聚落形成始於日治初期此區域的工業發展。1899 年由日本人鮫島盛在「中都」創建「鮫島煉瓦工場」，廠方於工場北側興建四排窯工宿舍，可視為中都地區最早的聚落雛形。開王殿即在此時由澎湖移民窯工於工寮裡創建，成為當地窯工的信仰中心，庇佑信徒的靈力傳奇也從此展開。戰後初期，窯工信徒們運用磚窯廠生產的紅磚為建材，於今址重建。

　　開王殿從草創時期起歷經三個階段，首先是 1929 年之前主神是供奉澎湖移民自家鄉所帶來的觀音香火及祭祀「紙糊金身」，1929 年才迎請南鯤鯓代天府的五府千歲來供奉，戰後主神再次轉變，即信徒常言的「佛祖復興」。其主神「佛祖」與「王爺」的轉變現象意謂靈力性質的轉變，這轉變也代表一種歷史的變遷。

　　隨著戰後中都人口持續移入，尤其南區的開發與人口增加最快，坐落於相對荒涼的北區，緊鄰磚窯廠的開王殿沒有因此而喪失人氣，

反而因為神明降乩濟世，傳奇的靈力吸引眾多信徒前來請求神明指點迷津。據筆者統計六本殿方珍藏的《開壇紀錄簿》，1960 年代平均每年高達四千多人前來開王殿參與問事活動，1970 至 1980 年代平均每年也逾二千人，其中高達七成是因為疾病而來，主要信徒為中都當地居民，[1] 顯示開王殿問事活動的頻繁與高度的人氣。開王殿所凸顯的歷史價值，除了它是工業底層的常民信仰，也是中都歷史上最早的廟宇，更是當地最具影響力的信仰中心。

然而，從 1989 年以後，開王殿因為沒有乩童，停辦問事活動，加上經營不善，以及磚窯廠獲利不佳，所需人工減少，造成中都北區景氣蕭條，開王殿昔日人聲鼎沸、香火興旺的風光景象不再，可謂進入一黑暗時期。緊接而來新一波更大的危機，即是高雄市政府規劃中都地區的市地重劃，因 2003 年聚落與開王殿沒有被市府劃定為古蹟保存區，使開王殿與同在重劃區中的工業聚落面臨相同的拆除命運。2010 年，殿旁約二十多戶的聚落已拆除，2012 年位於磚窯廠北側，最大面積的工寮聚落野悉數拆除，在推平的荒地上，徒留下這座孤單的廟宇。

開王殿曾經是地方的信仰中心，但是後來經歷一段黑暗期，使其榮景不再。直到楊雅玲與陳淑媚在因緣際會之下，體認到開王殿的歷史文化價值，及它與磚窯廠「共生」的密切關係，認為市府僅指定磚窯廠為古蹟，會失去磚窯文化保存之完整性，而開始為宣揚此理念而奔走。他們試圖重新凝聚地方感，且積極運作爭取登錄開王殿為文化資產。然而，文資委員會勘審查後，仍以「惟其建築本體歷經多次修

1　黃清水、黃清海，《開壇紀錄簿》（1968、1969、1973、1974、1976、1984），未刊稿。

繕，原有風貌已不復見，構成文資登錄審查之要件並不充足」為由，二度駁回登錄為文資之申請。

筆者發現在開王殿的保存運動過程中，眾人透過一連串的文化保存行動策略，如利用拍攝紀錄片、錄製公共電視專題節目、平面與電視新聞報導等傳播媒體引起更多人的關注與共鳴。緊接著管理委員會的成立、宗教祭典儀式的恢復，乃至爭取各方政治力量的支持、廟宇環境的人文藝術化等等，都為開王殿的保存運動注入力量。另外，各界也陸續開始相關的歷史書寫，例如以「開王殿原址保存運動」為主題的碩論研究，以及《高雄文獻》的專題紀錄、參與「101 年度高雄市歲時與祭典普查計畫」、社群網路的文化保存宣傳、高雄市立歷史博物館的主題展覽與獎助開王殿文史研究計畫、《開壇紀錄簿》的翻拍分析等，透過行動實踐讓這些歷史文化不斷地重返當今人們的生活當中，當這股保存力量逐漸增強，過去信徒與神明之間緊密的連結、感應、記憶與認同也一一被喚醒，使信徒透過類似「佛祖的靈感」、「紀錄簿裡記載著我爸來求佛祖」、「這是我們的信仰、儀式」、「我是在地人」等各種歷史敘事來重新認知與凝聚認同感、建構地方感，最後將此歷史記憶的再現，轉換為文化保存運動的能量。

如今，這股文化保存運動的能量持續著，並推動保存運動轉為進入「自力救濟」。而市井小民為了和公部門溝通，自然尋求地方民代的幫忙，因為尋求政治力量的投入是促使運動得以持續，或者將來是否成功的關鍵助力。除此之外，信徒也積極讓管委會持續運作，辦理各項傳統祭祀活動，並嘗試以公文書信的方式和公部門溝通談判。誠如地政局官員所言，至今在高雄市尚未有合法於公園內保存廟宇的案例，所以，儘管訴求的議題是「廟宇保留」、「文化的價值」，癥結

點實為土地問題，如能加以克服，不只開王殿的保存運動將寫下皆大歡喜的結局，高雄市也將創造新的歷史，為文化保存樹立一個新的典範。

中都開王殿是古蹟磚窯廠旁的一盞明燈，也是一盞孤燈。衷心期盼能有更多人關注祂並投入保存運動，讓祂能永遠被保存下來，繼續庇佑信徒、撫慰人心，淬鍊出靈力的價值，未來呈現與磚窯廠共生共榮的窯工信仰文化，共構中都磚窯文化古蹟園區。

參考文獻

一、史料

（一）檔案

高雄市三民區地政事務所（藏）：《日治時期地籍圖》。

高雄市三民區第一戶政事務所（藏）：日治時期戶籍登記資料。

高雄市政府工務局公函（2017 年 7 月 21 日），〈有關開王殿以無償捐贈廟宇主體予市府，陳情捐贈契約載明事項乙案〉，發文字號：高市工養處字第 10635020500 號。

高雄市政府公函（2011 年 9 月 7 日），〈100 年高雄市古蹟歷史建築聚落文化景觀審議會第 2 次會議記錄〉。發文字號：高市四維文資字第 1000099261 號。

高雄市政府文化局公函（2011 年 4 月 7 日），〈本市 69 期重劃區內開王殿會勘記錄〉，發文字號：高市四維文資字第 1000004756 號。

高雄市政府民政局公函（2016 年 6 月 21 日），〈有關三民區「開王殿」拆遷保留協調乙案〉，發文字號：高市民政宗字第 10531304200 號。

高雄市政府民政局公函（2016 年 10 月 20 日），〈函轉高雄市市議員林武忠服務處 105 年 9 月 13 日召開「中都開王殿原地保留及參與公園規劃案」會議記錄影本乙份〉，發文字號：高市民政宗字第 10532093500 號。

高雄市政府地政局公函（2011 年 10 月 18 日），〈貴殿函請將座落土地開發，列入年度都市計畫通盤檢討及土地開發相關議題〉，發文字

號：高市四維地政發字第 1000034633 號。

高雄市政府地政局公函（2016 年 8 月 26 日），〈有關貴殿函詢原地保留廟宇及參與公園規劃乙案〉，發文字號：高市府地發字第 10571116700 號。

高雄市政府地政局公函（2017 年 3 月 20 日），〈有關貴殿陳提 4 項訴求獲得共識下，同意將廟宇主體建物贈予本府乙案〉，發文字號：高市府地發字第 10670303800 號。

高雄市政府地政局公函（2017 年 5 月 18 日），〈檢送本市第 69 期市地重劃區公六用地上「中都開王殿」之廟宇建物捐贈契約書乙式 2 份〉，發文字號：高市府地發字第 10670594400 號。

高雄市政府都市發展局公函（2011 年 10 月 25 日），〈有關函本局請將開王殿土地開發列入年度都市計畫通盤檢討及土地開發相關議題〉，發文字號：高市四維都發規字第 1000043977 號。

高雄市議會議長辦公室公函（2011 年 5 月 23 日），〈第 69 期重劃區開王殿保留原廟會勘記錄〉，發文字號：崑字第 1000523 號。

黃清水、黃清海，1968、1969、1973、1974、1976、1984《開壇紀錄簿》。未刊稿。

（二）時人著作

（清）盧德嘉（1993），《鳳山縣采訪冊》。南投市：臺灣省文獻會。

田中一二、芝忠一（1918），《臺灣の工業地　打狗港》。臺北：株式會社臺灣日日新報社。

作者不詳（1930），《高雄州地誌》。高雄：高雄州教育會。

芝忠一（1930），《新興の高雄》。高雄市：新興の高雄發行所。

武澤贇太郎編（1936），《改正　臺灣鐵道貨物運賃早見表》。臺北市：
　　臺灣旅行案內社。

稻岡暹編（1936），《新興臺灣の工場を視る（高雄篇）》。高雄市：高雄
　　新報社。

臺灣建築會（1944），《臺灣建築會誌》，16（2、3）。臺北市：社團法人
　　臺灣建築會。

臺灣總督府殖產局編（1941），《殖產局出版第九○五號　工場名簿》。
　　臺北市：臺灣總督府殖產局。

臺灣總督府殖產局編（1942），《殖產局出版第九四二號　工場名簿》。
　　臺北市：臺灣總督府殖產局。

臺灣總督府殖產局商工課編（1929），《臺灣總督府殖產局商工課　臺灣
　　工場通覽》。臺北市：臺灣總督府殖產局殖產局商工課。

（三）訪談紀錄

吳玄仲，訪談日期：2014 年 7 月 11 日，未刊稿。

李文環，訪談日期：2015 年 6 月 17 日，未刊稿。

張淑梅，訪談日期：2015 年 4 月 25 日，未刊稿。

張淑華，訪談日期：2015 年 4 月 22 日、4 月 25 日，未刊稿。

張鶴鐘，訪談日期：2014 年 7 月 27 日，未刊稿。

陳淑媚，訪談日期：2014 年 7 月 30 日，未刊稿。

黃世民，訪談日期：2014 年 8 月 4 日，未刊稿。

黃佛擇（阿殿伯），訪談日期：2013 年 12 月 22 日、2014 年 6 月 7 日、
　　10 月 9 日、10 月 22 日、12 月 10 日、2015 年 2 月 5 日、4 月 22
　　日、4 月 25 日、6 月 19 日、7 月 4 日、2018 年 9 月 3 日、2019 年
　　10 月 9 日，未刊稿。

黃棉雕，訪談日期：2013 年 12 月 22 日，未刊稿。

黃榮輝，訪談日期：2014 年 8 月 2 日，未刊稿。

黃德茂，訪談日期：2015 年 5 月 17 日，未刊稿。

黃禛順，訪談日期：2014 年 8 月 2 日，未刊稿。

黃麗禾，訪談日期：2014 年 8 月 4 日，未刊稿。

楊雅玲，訪談日期：2015 年 6 月 23 日，未刊稿。

葉黃語，訪談日期：2014 年 8 月 4 日，未刊稿。

劉明泰，訪談日期：2014 年 8 月 9 日，未刊稿。

謝永安，訪談日期：2015 年 4 月 25 日，未刊稿。

顏奇三，訪談日期：2014 年 8 月 4 日，未刊稿。

二、專書

E. Durkheim 著，芮傳明、趙學元譯（1992），《宗教生活的基本形式》。
　　臺北市：桂冠出版社。

John Hassard 編，朱紅文、李捷譯（2009），《時間社會學》。北京：北京
　　師範大學出版社。

Mike Crang 著，王志弘、余佳玲、方淑惠譯（2003），《文化地理學》。
　　臺北市：巨流出版社。

P. Steven Sangren 著，丁仁傑譯（2012），《漢人的社會邏輯：對於社會再生產過程中「異化」角色的人類學解釋》。臺北市：中央研究院。

Tim Cresswell 著，徐苔玲、王志弘譯（2006），《地方：記憶、想像與認同》。臺北市：群學出版有限公司。

片岡嚴著，陳金田譯（1990），《臺灣風俗誌》。臺北市：眾文圖書。

王志弘（2011），〈導言——文化治理、地域發展與空間政治〉，收錄於劉鈴佑總編輯，《文化治理與空間政治》，頁 9-28。臺北市：群學出版有限公司。

王賢德（2001），《高雄市區里沿革圖誌》。高雄市：高雄市政府民政局。

王賢德編（2003），《高雄市寺廟文化專輯（一）道教部份》。高雄市：高雄市文獻委員會。

李文環（2012），《空間與歷史——旗山文化資產的歷史論述》（第二版）。高雄市：麗文文化。

李文環、林怡君（2012），《圖解台灣民俗》。臺中市：好讀出版有限公司。

李文環、蔡侑樺、黃于津、蔡佩蓉、佘健源（2015），《高雄港都首部曲哈瑪星》。高雄市：高雄市政府文化局。

李亦園（1978），《信仰與文化》。臺北市：巨流圖書公司。

李亦園（1998），《宗教與神話論集》。臺北市：立緒文化事業。

李豐楙、朱榮貴主編（1996），《儀式、廟會與社區》。臺北市：中央研究院中國文哲研究所。

林美容（2006），《媽祖信仰與台灣社會》。臺北市：博揚文化。

財團法人成大研究發展基金會（2005），《台灣煉瓦會社打狗工場——中都唐榮磚窯廠調查研究及修復計畫》。高雄市：高雄市政府文化局。

財團法人成大研究發展基金會（2007），《高雄市中都磚仔窯文化園區建置先期規劃計畫》。高雄市：高雄市政府文化局。

高雄市文化愛河協會、許玲齡（2016），《太子爺興外境：神威遠播三鳳宮》。高雄市：高雄市立歷史博物館。

高雄市文獻委員會編（1973），《高雄市志・衛生篇》。高雄市：高雄市政府民政局。

高雄市文獻委員會編（1983），《高雄市舊地名探索》。高雄市：高雄市民政局。

高雄市文獻委員會編（1985），《重修高雄市志・卷一地理志二篇》。高雄市：高雄市文獻委員會。

高橋哲哉，李依真譯（2014），《犧牲的體系：福島・沖繩》。臺北市：聯經出版公司。

陳坤毅（2013），《建構繁榮城市的巧手：蕭佛助的建築物語》。高雄市：高雄市政府文化局、玉山社出版事業股份有限公司。

張珣（1989），《疾病與文化：台灣民間醫療人類學研究論集》。臺北市：稻鄉出版社。

畢恆達（2001），《空間就是權力》。臺北市：心靈工坊文化事業有限公司。

許玲齡（2003），《磚仔窯的故事》。高雄市：高雄市政府文化局。

許玲齡（2007），《繁華落盡　話三塊厝火車站》。高雄市：高雄市政府文化局。

曾玉昆（1987），《高雄市地名探源》。高雄市：高雄市文獻委員會。

黃有興（1992），《澎湖的民間信仰》。臺北市：臺原出版社。

黃有興（2002），〈高雄市「澎湖廟」初探〉，收錄於高雄研究學報編審委員會編著，《2002 高雄研究學報》（論文集），頁 55-73。高雄市：高雄市市區大學促進會。

劉還月（1994），《台灣民間信仰小百科（靈媒卷）》。臺北市：臺原出版社。

鄭志明（2006），《宗教神話與巫術儀式》。臺北市：大元書局。

謝宗榮（2003），《臺灣傳統宗教文化》。臺中市：晨星出版社。

謝明勳（2015），《從臨港線從臨港線到水岸輕軌：高雄港市鐵道與產業 120 年軌跡》。高雄市：高雄市立歷史博物館。

瞿海源（1997），《台灣宗教變遷的社會政治分析》。臺北市：桂冠圖書。

三、期刊論文

Carl L. Becker 著，黃煜文譯（2014），〈每個人都是他自己的史家〉，《歷史臺灣　國立臺灣歷史博物館館刊》，8，頁 153-166。

王玉豐（2007），〈軌以載文，文以載道——軌道文化資產發展的策略想像〉，《捷運技術半月刊》，37，頁 56-64。

王見川（2006），〈光復前（1945）的南鯤鯓王爺廟初探〉，《北台通識學報》，2，頁 94-105。

王惠君（2008），〈文化資產保存制度中聚落調查之定位與內涵分析——以日本妻籠宿為例〉，《文化資產保存學刊》，4，頁 63-72。

吳念穎（2011），〈風雨飄搖的中都開王殿〉，《高雄文獻》，1（3/4），頁217-222。

林美容（1987），〈由祭祀圈來看草屯鎮的地方組織〉，《中央研究院民族研究所集刊》，62，頁53。

林美容（1999），〈高雄縣王爺廟分析：兼論王爺信仰的姓氏說〉，《中央研究院民族研究所集刊》，88，頁107-133。

林崇熙（2005），〈產業文化資產的消逝、形成、與尷尬〉，《科技博物》，9（1），頁65-91。

林崇熙（2007），〈文化資產詮釋的政治性格與公共論壇化〉，《文化資產保存學刊》，1（1），頁64-76。

林崇熙（2010），〈文化資產的價值營造〉，《文化資產保存學刊》，13，頁41-56。

林富士（2005），〈醫者或病人——童乩在台灣社會中的角色與形象〉，《中央研究院歷史語言研究所集刊》，76（3），頁511-568。

林瑋嬪（2003），〈臺灣漢人的神像：談神如何具像〉，《國立臺灣大學考古人類學刊》，1（2），頁115-147。

林綱偉（2010），〈清領時期愛河水運生活景觀想像〉，《環境與世界》，22，頁55-87。

國分直一著，周全德譯（1990），〈乩童的研究〉，《民俗台灣》，1，頁90-102。

陳緯華（2008），〈靈力經濟——一個分析民間信仰活動的新視角〉，《台灣社會研究季刊》，69，頁57-106。

劉枝萬（2003），〈臺灣之 Shamanism〉，《臺灣文獻》，54（2），頁 2-27。

謝貴文（2010），〈從神明的治病敘述看民間信仰中的醫療文化——以高雄市為例〉，《高市文獻》，23（1），頁 30-54。

藍志玟（2011），〈住在世界文化遺產裡——德國班堡〉，《文化資產保存學刊》，18，頁 57-64。

四、學位論文

吳季昕（2003），〈地方的文化資產保存戰役：以苗栗護窯運動為例〉。苗栗縣：國立聯合大學客家語言與傳播研究所碩士論文。

周東森（2014），〈中都唐榮磚窯廠的生態博物館建構——開王殿原址保存運動〉。高雄市：國立高雄應用科技大學文化創意產業系碩士班碩士論文。

翁靖傑（2010），〈日治時期台灣近代建築建築材料紅磚的使用之研究——以商標作為建築編年的初步探討〉。桃園市：中原大學文化資產研究所碩士論文。

陳淑端（2013），〈空間與地方文化燒製——高雄城市文化脈絡下的唐榮磚窯廠〉。雲林縣：國立雲林科技大學文化資產維護系碩士論文。

陳雅玲（2007），〈高雄市中都地區之發展與變遷〉。臺南市：國立臺南大學台灣文化研究所碩士論文。

陳緯華（2005），〈靈力經濟與社會再生產：清代彰化平原民間信仰與地方社會的形成〉。新竹市：國立清華大學人類學研究所博士論文。

游步廣（2010），〈當代旗山文化資產保存運動之研究（1990-2011）〉。高雄市：國立高雄師範大學臺灣歷史文化及語言研究所碩士論文。

蔡宗成（2006），〈工業遺址發展策略之研究——以中都唐榮舊廠為例〉。
　　高雄市：國立高雄大學都市發展與建築研究所碩士論文。

五、報紙

〈五王祭典〉（1925 年 5 月 16 日），《臺灣日日新報》第 8985 號，第 4
　　版

〈木伊乃見物　打狗支廳の大賑ひ〉（1918 年 6 月 16 日），《臺灣日日新
　　報》第 6459，第 7 版。

〈北門郡南鯤鯓廟大祭〉（1926 年 6 月 11 日），《臺灣日日新報》第 9376
　　號，第 4 版。

〈打狗客談（二）〉（1905 年 7 月 29 日），《漢文臺灣日日新報》第 2172
　　號，第 4 版

〈灰しか殘らぬ　金銀紙の代りに　お賽錢を⋯⋯〉（1929 年 6 月 7
　　日），《臺灣日日新報》第 10465 號，第 5 版。

〈迎王狀況〉（1922 年 11 月 6 日），《臺灣日日新報》第 8063 號，第 6
　　版。

〈迎王狀況〉（1922 年 8 月 30 日），《臺灣日日新報》第 7995 號，第 6
　　版。

〈南鯤鯓廟祭典〉（1923 年 6 月 9 日），《臺灣日日新報》第 8278 號，第
　　6 版

〈高市火災善後　決定救濟辦法〉（1959 年 10 月 26 日），《聯合報》，第
　　4 版。

〈博徒逃んとして墜落重傷〉（1927 年 2 月 2 日）《臺灣日日新報》第
　　9612 號，第 5 版。

〈鳳山地方產業の現況〉（1902 年 8 月 7 日），《臺灣日日新報》第 1280
　　號，第 2 版。

〈廢墓地全身蔭屍〉（1918 年 6 月 12 日），《臺灣日日新報》第 6455 號，
　　第 6 版。

六、網絡資訊

〈市政要聞——中都大變身　土地重劃創造 300 億地值〉，《鼓聲市府月
　　刊》，2010 年 4 月刊。資料檢索日期：2015 年 6 月 6 日。網址：
　　http://kcginfo.kcg.gov.tw/Publish_Content.aspx?n=9223A12B5B31CB
　　37&sms=DD102593FDB1A032&s=1272B608CD53F8D2。

「老高雄文化行動紀錄」網站，〈中都地區篇〉。資料檢索日期：2011 年 7
　　月 10 日。網址：http://kaohsiungactivism.com/keywords/%E4%B8%
　　AD%E9%83%BD%E5%9C%B0%E5%8D%80。

中央研究院人社中心地理資訊科學研究專題中心（GIS 專題中心），
　　《臺灣百年歷史地圖》。網址：http://gissrv4.sinica.edu.tw/gis/twhgis.
　　aspx。

文化部文化資產局，〈文化資產個案導覽〉（關鍵字：台灣煉瓦會社打
　　狗工場）。資料檢索日期：2019 年 9 月 18 日。網址：http://www.
　　boch.gov.tw/boch/frontsite/cultureassets/caseBasicInfoAction.do?metho
　　d=doViewCaseBasicInfo&iscancel=true&caseId=EA09602001472&vers
　　ion=2&assetsClassifyId=1.1&menuId=302。

文化部臺灣大百科全書，〈手轎〉。資料檢索日期：2019 年 9 月 18 日。
　　網址：http://nrch.cca.gov.tw/twpedia.php?id=12126。

石志忠（航拍騎士——石田浩二〔臉書〕）。資料檢索日期：2015 年 6 月
　　13 日。網址：https://www.facebook.com/skykni ghtno1/。

李義（2015 年 11 月 9 日），〈中都開王殿信眾高市議會陳情　盼保留民
　　間信仰〉，《中時電子報》。資料檢索日期：2019 年 9 月 18 日。網址：
　　http://www.chinatimes.com/realtimenews/ 20151109003016-260407。

林宏聰（2011 年 8 月 19 日），〈捍衛開王殿　粉絲團串連壯聲勢〉，《中
　　時電子報》。網址：https://www.chinatimes.com/newspapers/20110819
　　000528-260107?chdtv。

林宏聰 、周綾昀（2015 年 7 月 30 日），〈莊文韋穿越時空　見證開王殿
　　史〉，《中時電子報》。網址：http://www.chinatimes.com/newspape
　　rs/20150730000636-260107。

南鯤鯓代天府官方網站。資料檢索日期：2015 年 2 月 7 日。網址：
　　http://www.nkstemple.org.tw/2010/index.htm。

美國加州大學柏克萊分校地球科學與地圖圖書館（中研院人社中心整
　　理）。編號：WASP259_V13。資料檢索日期：2018 年 9 月 10 日。
　　網址：http://webgis.sinica.edu.tw/map_berkeley/。

美國加州大學柏克萊分校地球科學與地圖圖書館（中研院人社中心整
　　理），編號：WASP259_V15。資料檢索日期：2018 年 9 月 10 日。
　　網址：http://webgis.sinica.edu. tw/map_berkeley/。

美國德州大學（奧斯汀分校），Formosa (Taiwan) City Plans U.S. Army Map
　　Service, 1944-1945 ,Takao. 。資料檢索日期：2018 年 9 月 10 日。網
　　址：http://www.lib.utexas.edu/maps/ams/formosa_city_plans/。

高雄市中華藝術學校校史網,〈開闢藝術新地標‧啟發文創新種苗（建校沿革）〉。網址：http://www.charts.kh.edu.tw/history/p1.html。

高雄市文化資產網,〈文化資產‧台灣煉瓦會社打狗工場——中都唐榮磚窯廠〉。資料檢索日期：2014 年 12 月 6 日。網址：http://heritage.khcc.gov.tw/Heritage.aspx?KeyID=b3 8ebead-8d59-4b13-9015-980e782579da。

高雄市文化資產網,〈文化資產‧柯旗化故居〉。資料檢索日期：2015 年 6 月 13 日。網址：http://heritage.khcc.gov.tw/Heritage.aspx?KeyID=6 241f2c0-f437-4fe0-af63-64b5db6b65b3。

高雄市里政資訊網,〈我們這里‧各里簡介‧三民區川東里〉。資料檢索日期：2019 年 9 月 18 日。網址：http://kh.twup.org/khe81/?pn=vhistory。

高雄市政府工務局中都濕地公園,〈中都歷史散步〉。資料檢索日期：2014 年 12 月 27 日。網址：http://pwbgis.kcg.gov.tw/zhongdu1/02.html。

高雄市政府水利局,〈中都橋　彩虹仙境〉（愛河資訊網）。資料檢索日期：2014 年 12 月 27 日。網址：http://wrb.kcg.gov.tw/loveriver/bridge6.aspx。

高雄市政府民政局,〈高雄市三民區行政區域圖〉。資料檢索日期：2018 年 9 月 10 日。網址：https://cabu.kcg.gov.tw/Web/DistrictE/LocalCultural/RegionMap.htm。

高雄市政府全球資訊網,〈市府介紹‧業務職掌〉。資料檢索日期：2019 年 10 月 14 日。網址：https://www.kcg.gov.tw/Org.aspx?n=D33B55D5 37402BAA&sms=9F779BBA07F163E2。

楊雅玲（2011），〈消失的「高雄」〉，發表於台灣社會研究學會年會「碰撞・新生：理論與實踐『踹共』」。資料檢索日期：2019 年 9 月 18 日。網址：http://cc.shu.edu.tw/~atss1/Seminar/20111005/E1-1.pdf。

廖德宗（2013），〈解讀高雄中都磚窯廠之歷史空間位置〉（地圖與遙測影像數位典藏計畫）。資料檢索日期：2018 年 9 月 10 日。網址：http://gis.rchss.sinica.edu.tw/mapdap/?p=4074&lang=en。

澎湖縣馬公市公所，〈地理位置・里鄰介紹・菜園里〉。資料檢索日期：2019 年 9 月 18 日。網址：http://www.mkcity.gov.tw/report.aspx?tid=D3C5BBCF8E60CF3D&pid=9AEF2DA48D1C26B7&cid=A12B6A7EEDCBDF78&v=1DDFE9C52ACCE91A。

七、其他

石萬里，〈唐榮磚廠〉（不詳），高雄市立歷史博物館典藏，登錄號：KH 2009.003.123。

石萬里，〈唐榮磚廠〉（不詳），高雄市立歷史博物館典藏，登錄號：KH 2009.003.124。

高雄市三民區第一戶政事務所：各里人口數資料統計。

高雄市私立建功中學編（1966），《高雄市私立建功中學第二屆畢業同學錄》。高雄市：高雄市私立建功中學。

高雄市政府民政局（1964），〈高雄市寺廟登記表〉，第 3 號（申請者黃龍墜）。

陳大和，〈六十年代高雄愛河上原木託運情景猶然可見〉（不詳），高雄市立歷史博物館典藏，登錄號：KH2015.004.244。

開王殿管理委員會（2011），〈中都開王殿提請審議歷史建築參考資料〉，未刊稿。

黃清水（1960），〈公務人員履歷表〉，黃世民提供。

蔡高明，〈無人問津的廢磚窯場〉（不詳），高雄市立歷史博物館典藏，登錄號：KH2015.005.222。

謝惠民，〈唐榮裝運紅磚赴香港〉（1959），高雄市立歷史博物館典藏，登錄號：KH2002.018.028_0001-u。

謝惠民，〈愛河貯木〉（1967），高雄市立歷史博物館典藏，登錄號：KH2002.012.662_0004-u。

劉正元主持（2012），《101 年度高雄市歲時與祭典普查計畫》。高雄市：高雄市立歷史博物館，未出版。

附錄一　保存大事紀

日期	大事紀
1899	鮫島煉瓦工場設立
1913	鮫島煉瓦工場改制為臺灣煉瓦株式會社打狗工場
1920 年代	澎湖移民窯工創建開王殿於磚窯廠工寮宿舍
1947	遷建開王殿於現址
1992	磚窯廠全面停工
2003.4.16	公告指定「台灣煉瓦會社打狗工場——中都唐榮磚窯廠」為高雄市市定古蹟
2004.2.25	公告指定「台灣煉瓦會社打狗工場（中都唐榮磚窯廠）——東北角倒焰窯」為高雄市歷史建築
2005.3.11	公告指定「台灣煉瓦會社打狗工場——中都唐榮磚窯廠」為國定古蹟
2010.4	開王殿旁聚落陸續拆除
2010.8	楊雅玲教授與莊榮華導演拍攝中都紀錄片，支持開王殿原址保存，於 2011 年 11 月開始放映，並展開一系列宣傳活動
2011.1.16	開王殿臨時管理委員會成立，並決議提報文資登錄審查
2011.3.16	文化局文資審議委員至開王殿會勘審查
2011.4.27	公共電視《我們的島》專題節目製作小組拍攝「留下浮光掠影」專題，介紹開王殿保存運動。（5 月 16 日公共電視首播）
2011.5.11	議長秘書於開王殿召開「開王殿保留會勘」會議
2011.7.15	開王殿第一屆管理委員會成立（當日為主祀神觀音三佛祖聖誕）
2011.8.19	《中國時報》專文報導：〈捍衛開王殿　粉絲團串連壯聲勢〉
2011.8.24	文化局文資審議委員第二次現場會勘審查，決議不予登錄歷史建築，但建議地政局朝主題公園方向規劃
2011.11.8	《中國時報》專文報導：〈高市要拆開王殿　信徒揚言抗爭〉
2012.3	磚窯場北側（九如橋旁）工業聚落全數拆除

（續上頁）

日期	大事紀
2013.5.23	開王殿管委會提供老照片與磚瓦文物予高雄市立歷史博物館籌備「起厝·磚瓦諸事會社」特展，並受邀參加展覽開幕式
2014.7	周東森發表國立高雄應用科技大學文化創意產業碩士論文〈中都唐榮磚窯廠的生態博物館建構——開王殿原址保存運動〉
2014.7.11	《中時電子報》報導：〈開王殿義賣火龍果　助學弱勢生〉
2015.7.30	《中國時報》專文報導：〈莊文章穿越時空　見證開王殿史〉
2015.7.30	《中時電子報》報導：〈數學老師寫論文　意外找出觀音佛祖靈力〉
2015.7.31	台視記者至開王殿採訪信徒，介紹開王殿佛祖靈力傳奇，並於當日晚間新聞播出
2015.11.9	林武忠議員於市議會中為保留開王殿提出質詢
2015.11.9	《中時電子報》報導：〈中都開王殿信眾高市議會陳情　盼保留民間信仰〉
2015.11.10	《臺灣時報》專文報導：〈保留中都開王殿　林武忠請命〉
2016.4.12	林武忠議員於市議會中，針對開王殿原址保存議題提出質詢，陳菊市長允諾請相關單位研議解決辦法
2016.5.23	陳菊市長於市府召開開王殿存廢議題討論會議
2016.5.30	地政局長、工務局代表與林武忠議員等人於開王殿召開「開王殿拆遷保留」會議。會中協議廟宇主體建物由地政局辦理徵收補償，後續轉為公園內「文教設施」，再由民政局委請廟方認養管理
2016.9.4	第三屆信徒大會決議無償捐贈廟宇主體建物予市府，但希望能保留殿裡的神尊、法器、法物及維持傳統祭祀活動
2017.7.26	因工務局養工處來文說明依法不同意廟方保留神尊、法器、法物及舉辦祭祀活動，因此管委會決議暫時取消廟宇主體捐贈。
2018.8.18	第四屆管委會成立，決議繼續每年辦理元宵乞龜、中元普度與三佛祖誕辰建醮祭典，且持續尋求各界支持開王殿原址保留

附錄二
2017 高雄市立歷史博物館「高雄小故事」獲獎文章

阿殿伯

我今年 84 歲，在開王殿當奉茶的廟公，大家都叫我阿殿伯。

我從小在中都長大，爸媽是從澎湖來高雄打拚的。那時候日本人蓋的磚窯廠需要人力，許多外地人都到這邊討生活，我出生在磚窯廠的工寮裡，旁邊就是開王殿。

小時候不懂什麼叫苦，只知道要工作才有飯吃，我跟著媽媽修飾磚頭的生胚，我多做十塊，媽媽就可以少做十塊，日子一天一天過，

相附錄二　阿殿伯
資料來源：莊文韋拍攝
　　　　　（2016 年 6 月 19 日）。

讀書什麼的，那是想都不用想的。

　　二次大戰時，因為磚窯廠後面駐紮了日本海軍通信隊，成了美軍轟炸的目標，炸彈來的時候，我跟著大人躲在防空洞，大家心裡都很怕。很多人一大早就來開王殿求，求神明保佑去討海的女婿、問孩子被送去哪當兵……我二哥也是被日本人抽去屏東山上當兵，他說炸彈炸出一條很大的壕溝，他為了活命拚死跳過去，回頭一看，那距離根本是不可能跳得過的，是神明救了他。

　　日本人回去以後，很多信徒想幫開王殿建新廟，磚仔窯什麼沒有，磚頭最多，大人有空就扛磚頭過來，小孩都在旁邊玩耍，我 14 歲那年，廟蓋好了，香火比以前更旺。磚仔窯這邊都是艱苦人，生病發燒哪會去醫院，都是來拜拜求藥單、抓漢藥，佛祖連小兒麻痺都醫過。若是遇到不乾淨的東西，信徒也會來求香火袋，佛祖收伏的邪靈就放在甕裡，後來連外地人都來拜，處理過的甕多到廟裡放不下，就拿到旁邊的愛河放水流……

　　磚窯廠最興盛的時候，我在廠裡負責燒窯，窯裡面溫度很高，我們一邊疊磚，一邊還要注意火路，轉彎的地方最難疊，一進去就是 12 個小時，出來從頭到腳都是黑的，半夜也要輪班，不過苦歸苦，我們這一窯燒出來的磚都是量最多，而且最漂亮的……唉！現在想起來，好像都是很遙遠的事了。

　　後來磚窯廠關掉，人也慢慢散了，七年前，政府說煙囪是古蹟留著，但廟要移走蓋公園……這個道理我真的不懂，早在我出生之前，開王殿就在了啊！所以我每天守著這間廟，給佛祖上香，很多窯工的

下一代回來，我跟他們講這裡的故事，請大家幫忙留住這間廟，他們都叫我「阿殿伯」，而我的名字叫「黃佛擇」。

（本故事由黃佛擇先生本人口述，商瑜容整理記錄）